사랑하려고 산다

누구도 대신하지 못할 자녀 사랑

사랑하려고 산다

최에스더

규장

안내서가 아니다. 고백록이다.

크리스천 부모들의
흡사 전쟁터 같은 요란한 육아 현장에
잠깐 숨 고르기가 필요할 때,
저 멀리 대포 소리가 연이어 나고
애 어른 할 것 없는 비명이 터지고
시커먼 포연이 자욱하게 몰려온다 해도
못지않았던 어느 한 사람의 이야기를 읽으면서
위안도 받고 난제 해결의 영감이
섬광처럼 떠오른다면,
상흔으로 얼룩진 육아전쟁사를
또 한 번 겁없이 펴내는
나에게 큰 보람이 될 것이다.

2006년《성경 먹이는 엄마》가 출간되고
베스트셀러가 될 즈음에
모든 게 멈췄다면
얼마나 좋았을까.

축하와 찬사, 영광과 명예로
마감되었다면 얼마나 좋았을까.

그러나 생은 이어졌다.
나는 그 생을 살아야 했고
살아가는 대로 포장이나 생략 없이
낱낱이 채워져 가고 있다.

긴긴 눈물 골짜기를
겨우겨우 걸었을 뿐인 나의 생,
짓무른 눈을 들어 바라볼 때마다

저어기 골짜기 끝에
날 기다리고 계신 내 아버지가 보인다.
내 눈물을 닦아주시며 안아주시고
화관을 씌어주려 기다리고 계신다.

그분이 보이는데 어쩌랴.
가야지.
살아내야지.
사랑해야지.

이 책의 제목은 '사랑하려고 산다'이다. 이제까지 아이들을 그리고 남편을 사랑하려고 살았다 해도 과언이 아니다. 그들을 사랑하려고 무진 애를 썼지만 사랑은 결코 저절로 이루어지지 않았다.

사랑, 그것은 내게 속한 것이 아니라는 것만 배웠고 내 안에 없다는 것만 알게 된 세월을 보냈다. 내가 하고 싶은 사랑과 그들이 받고 싶어 하는 사랑에는 큰 차이가 있었다. 내가 하고 싶은 사랑을 버리고 그들이 받고 싶어 하는 사랑을 한다는 것 자체가 나를 버리는 일이었다.

내가 생각지도 못한 것을 받아들여야 했고 나와 맞지 않는 것을 해야 했다. 익숙하고 옳다고 생각하는 것을 버리고 불편하고 의심스러운 것을 받아들여야 했다.

그들이 진심이라고 말하는 것을 믿고 내게 너무 불편한 것을 향해 나를 던져야 했다. 그것이 그들을 사랑하는 방법이었고, 그들이 내게 원하는 사랑이었다. 사랑하기 위해 나를 버리는 건 힘들었다. 꾸역꾸역 하다가도 너무 버거워서 다 포기해버리고 싶은 적이 한두 번이 아니었다.

나와 그들의 관계를 부정할 수 없어 이 힘겨운 사랑의 길을 계속 걸었다. 아이들이 무엇을 원하고 남편이 무엇을 바라는지 생각하고 또 생각했다. 연구하고 또 연구했다.

사랑하려고 산다. 사랑하지 않는다면 뭐 하러 살고 있을 것인가. 사랑하기를 그친다면 살아갈 이유가 뭐가 있을까. 먹으려고 입으려고 산다면 죽은 것이나 다름없다.

사랑하려고 산다는 말을 난 누구에게 할 수 있을까. 이 말을 내뱉는 순간, 내 약점이 될 수 있다. 듣는 이는 내 명예를 저당 잡은 것 같은 냉소를 띨 수도 있다. 내가 그런 사람이 본질적으로 아니어서다.

그러나 십자가는 '본질적으로 아닌 것'에서 온다. 내 몫의 십자가는 아무래도 사랑이다. 그리스도의 남은 고난은 아무리 생각해도 사랑이다. 내 십자가를 따라 나는 걸어갈 수 있을까.

하나님만 하실 수 있다.

프롤로그

Part 2

부모의 방

이 벼락을 동반한 천둥 번개가
우리 부부 사이를 찢을 듯이 쳐댈 때
이건 사랑이 아니라고 말하고,
'사랑은 보호'라고 그가 말했을 때
우리는 3년을 연애하고
20년을 같이 산 부부에서
비로소 처음 사람 대 사람으로
서로를 응시했다.
그리고 우리의 이야기를,
각자의 이야기를 풀어나갔다.

Part
1

부부의 방

사랑하다가 죽다 ———————

시댁을 떠나 우리만의 보금자리로 이사를 나오던 날이 생각 난다. 부산에서 수원까지 가야 해서 저녁에 짐을 싸고 다음 날 아침에 수원에서 짐을 푸는 일정이었다. 살림이라고 해봐야 혼 수로 해 간 장롱이 가장 큰 짐이었고, 서랍장 두어 개, 책상과 책장이 전부였다. 트럭 한 대에 다 실어 보내고 친정에서 하룻 밤을 자고 다음 날 기차를 타고 부산을 떠났다.

남편은 기숙사 생활을 하며 주말에 수원과 부산을 오가는 고단한 생활을 끝내고 안양에 있는 한 개척교회에 교육전도사 로 부임하기로 약속되어 있었다. 우리가 얻은 집은 1년 동안 살고 우리가 떠나자 곧 재개발이 된, 지은 지 40년이 넘은 아파트였다. 아파트에 연탄보일러가 들어가는 시절에 지은 것이었다. 대부분 기름보일러로 교체했지만 여전히 연탄보일러를 쓰는 집들이 남아있어서 곳곳에 연탄재가 쌓여있었다. 15평짜리 작은 집의 주인은 세입자의 잦은 이사로 들어올 때마다 도배를 새롭게 해주는 걸 짜증을 내는 사람이었다. 우리는 있는 그대로 들어갈 수밖에 없었는데 이미 부엌 위쪽 도배지는 늘어지고 찢어져서 너덜너덜 해져있었다.

화장실에는 창문이 없어 곰팡이가 시커멓게 피어있었다. 문을 열어놓으면 너무나 심란해서 남편이 페인트를 사다가 칠을 했다. 나무틀이 휘어져 겨우 창을 열 수 있는 창문으로 햇살 하나는 남부럽지 않게 쏟아져 들어왔다. 그 창문에 오렌지색 커튼을 치고 햇빛을 오렌지색 조명으로 바꿔놓고 갓 돌 지난 큰아이와 낮잠을 실컷 자던, 내 생애 가장 마음 편한 날들이었다.

낮에는 아이를 데리고 놀이터로 나갔다. 그네를 밀어주고 시소를 태워주고 미끄럼틀 옆에 서서 내려오는 걸 지켜보며 박수 쳐주고 세발자전거를 태우고 온 아파트 단지를 밀어주면서 다녔다. 아파트 입구에는 오래된 시장이 있었다. 수십 년 장사를 같이 했을 시장 할머니들은 나란히 앉아서 끝없이 이야기를 나누며 온갖 채소 손질을 다 해놓고 팔았다. 내가 따로 할 게 없었다.

그 예쁜 채소들을 사다가 찬물에 담가두어 소생하듯 싱싱해지는 걸 보면 기분이 좋아졌다. 찌개를 끓이고 나물을 무치고 고기라도 사서 볶고 있으면 남편이 왔다. 젊고 재밌고 똑똑하고 유능한 남편이었다. 아빠가 몰고 들어오는 바람을 종일 기다린 아들은 두 손을 들고 달려가며 그를 반겼다.

낡고 좁은 집에 살면서 신학생이자 교육전도사인 남편이 벌어오는 수십만 원으로 살았지만 내 가슴은 삶에 대한 자부심으로 가득했다. 돈과 명예를 지푸라기로 여기고 복음과 교회와 하나님나라를 위해 삶을 바친 우리의 길이 자랑스러웠다.

집이 뭐 대수인가. 그도 나도 아이도 너무나 특별해서 우리를 감싸고 있는 환경 따위는 눈에 들어오지도 않았다. 오히려 우리 세 식구를 돋보이게 해주는 것 같은 그 허름한 집으로 이틀이 멀다 하고 손님을 초대했다.

이 시절 내 마음은 부자였다. 어딜 가서 누굴 만나도 기가 안 죽었다. 오히려 서슬이 시퍼랬다. 교회에 가면 세칭 또래 서울내기들이 가득했고, 잘 배우고 세련돼 보이는 사람들도 많았지만 그들은 그들일 뿐, 나일 수는 없었기에 나는 나로서 특별했다.

가장 특별한 건 내 아들이었다. 아이를 보면서 이 아이를 어떻게 키울까, 즐거운 고민으로 머릿속이 가득했다. 장차 이 아이는 어떤 사람으로 자랄 것인가. 자부심이 넘치는 만큼 고민은 깊었고, 꿈을 따라 열정을 따라 그리고 기도를 따라 그렇게 여기까지 왔다.

《성경 먹이는 엄마》 출간 이후 지난 16년을 돌아보는 글을 쓰다 보니 내가 어떻게 이렇게 걸어올 수 있었을까, 원동력이 무엇일까, 생각하게 된다. 뭐였을까. 몇 가지를 말할 수 있겠지만 내 심연에서부터 항상 갈망하던 건 '영원까지 가는 것'이었다. 영원을 바라보는 눈이었다. 내게 죽음이 가까웠던 것처럼 영원이라는 명제도 늘 가까이에 있었다. 영원한 것, 영원까지 가는 것을 선택하고 싶었다. 사라지고 말 것에 삶을 걸고 싶지 않았다.

내가 가진 것 가운데 영원까지 가는 것은 다름 아닌 자식들이었다. 그들은 영원한 존재였다. 그들 안에는 영원이 있었다. 그 영원에 나 자신을 던졌다. 앞으로도 그럴 것이다. 영원에 투자하며 사랑하려고 살 것이다. 아가서는 이렇게 말한다.

예루살렘 딸들아
너희에게 내가 부탁한다
너희가 내 사랑하는 자를 만나거든
내가 사랑하므로 병이 났다고 하려무나 아 5:8

내가 병이 나면 그건 순전히 사랑하다가 병이 난 것일 테다. 사랑해보니 알겠다. 이건 정말 못 할 짓이다.

사랑의 왕이신 하나님에게서 사랑을 배워 겨우 흉내만 내는 데도 이렇게 어렵고 힘이 든다. 그러나 두렵진 않다. 병도 죽음도. 사랑할 수 없는 자가 사랑해야 했던 내 운명. 할 수 없는 것을 그렇게 열심히 하였으니 병들 수밖에, 죽을 수밖에.

그래도 하나님이 생명을 연장시켜 주신다면, 아직 사랑함이 모자라 병이 오지 않았다면, 센 머리로 앉아 우리의 이야기를 다시 한번 쓰게 된다면, 그렇다면 제목은 하나밖에 없다.

사랑하다가 죽다.

슬픔이 병이 되어

전보다 훨씬 심각한 병세로 남편의 두 번째 요양이 불가피했다. 엎친 데 덮친 격으로 대인기피증까지 생긴 그는 자식들도 보기 힘들어했고 오직 나만 봐주었다. 남편을 따라간 내게 의사는 절대 환자를 혼자 두지 말라는 불길한 소리를 마지막으로 안겨줬다.

남자 나이 사십 대, 능력과 에너지의 절정에 올라서서 힘껏 달려야 하는 건 목사라고 예외는 아니었건만 그는 일어설 힘도 없이 주저앉았다. 우리가 덮고 자던 이불만 가지고 고향에 빈집을 얻어 요양을 시작했다.

당시 고2, 중1, 초3, 초1이었던 네 아이를 친정 엄마에게 부탁드리고 떠나온 요양살이. 남편이 말기 암에 걸린 거로 생각하자고 굳게 다짐했다. 수술과 치료를 위해 병원에 장기 입원한 거라고 계속 최면을 걸었다. 그러지 않으면 아이들을 내버려두고 떠나오는 게 나라는 사람에게는 불가능했기 때문이다.

아직 어린 막내는 하루에도 몇 번씩 전화를 했다. 얼마나 엄마 아빠가 보고 싶었을까. 아빠가 아파서 잠깐 집을 떠나 있는 거라고 설명해줬지만 어린 마음으로 다 헤아려지지 않아 많이 불안했을 것이다. 자주 울리는 전화벨 소리는 남편을 힘들게 했다. 좁은 집에서 작은 목소리로 짧게 통화하며 어서 끊기를 바라는 엄마와의 통화가 여덟 살짜리 막내가 받아야 했던 최소한의 보살핌이었다.

남편은 나중에 이마저도 못하게 했다. 사람이 싫은 병이니 이해는 했다. 그래서 눈에 넣어도 안 아플 막내의 전화도 받지 않고 지냈다. 남편을 이해하고 돌보며 그가 안식과 평안을 찾을 수 있도록 돕는 것만을 생각하고 싶었다. 하지만 나는 자식을 넷이나 떨어뜨려 놓고, 그들 생각을 지울 수 있는 엄마는 아니었다.

그렇게 6개월의 요양을 끝내고 집으로 돌아온 어느 봄날 아침, 침대에서 일어나 욕실로 가려는데 갑자기 가슴에 통증이 강하게 와서 악, 소리도 못 내고 가슴을 움켜쥔 채 그 자리에 쓰러졌다. 뭐든 일단 참고 보는 나지만 이건 참으면 안 된다는 판단이 섰다. 가까운 동네 병원에 갔더니 큰 병원으로 가라고 했다. 큰 병원 의사가 중상을 듣더니 평소 생활 습관을 물었다.

운동도 안 하지만 술 담배도 하지 않는 내가 이 나이에 가족력도 없이 갑자기 심장에 이상이 왔을 리가 없다고 말하며, 옆에 있는 남편을 한번 쳐다보며 말했다. 스트레스, 즉 기분 탓일 확률이 매우 높다고 단정 지으며 검사도 안 해주려고 했다. 나 같은 환자를 많이 만나 본 이유였을 것이다.

동의할 수 없었다. 그 아침의 통증은 그렇게 지나갈 만한 게 아니었다. 검사를 해달라고 했다. 바로 입원을 했고, 다음 날 조영술을 받았다. 의사가 말했다.

"검사해보길 잘했네요. 관상동맥에 쥐가 나서 혈관이 막히는 이형협심증입니다. 앞으로 평생 저를 보셔야겠습니다."

지금 생각하면 병이 나고도 남게 생겼다. 나 같은 엄마가 애들과 떨어져서 돌봐주지도 못하는데 전화도 마음대로 못 하고 있었다. 남편이 지독한 암에 걸린 환자라고 생각하며 아이들 곁을 떠나있어야 하는 현실을 받아들이자고 굳게 마음먹었지만, 나는 슬펐다.

남편이 아픈 것도 두 팔과 두 다리에 힘이 쭉 빠지는 일인데 아직 어린 딸들과 미래를 위한 이런저런 준비를 해야 하는 아들들을 대책 없이 두고 떠나와 있는 것이 힘들었다.

아이들의 정서를 헤아리기 시작하면 걷잡을 수 없는 아픔이 가슴을 후벼 파서 그 통증을 이겨내지 못해 웅크린 채 엎드려 있었다. 그렇게 시간을 보내고 돌아왔는데 내게 병이 온 것이다.

통증은 겨우 1분을 넘길 뿐이었지만 온몸에 힘이 쭉 빠져서 종일 누워있어야 했다. 이런 일이 하루에 세 번 일어나면 혈류가 차단되어 심장마비로 갈 수 있으니 바로 응급실로 와야 한다는 교육을 단단히 받고 퇴원했다. 약을 먹고부터 호전이 되는 것 같더니 다시 시작된 통증은 한 번에서 두 번으로 늘어나며 병이 더 깊어지는 것 같았다.

아이들과 식사를 하려다가도 통증이 찾아오면 급하게 약을 찾아 혀 밑에 넣고 가슴을 감싸고 고개를 푹 숙인 채 꼼짝 못하고 앉아 통증이 지나가기만을 기다렸다. 이 모습을 보는 아이들 마음은 어땠을까. 눈에 보이지 않는 증상으로 한껏 예민해진 아빠를 지난 5년간 겪었고, 이제는 눈에 보이는 증상으로 괴로워하는 엄마를 보고 있다.

내 의지와는 상관없이 뛰고 있는 나의 심장. 쥐가 나고 있다니 다리라면 주무르기라도 하겠는데 혈관의 경련을 어떻게 하겠는가. 어느 날 멈출 수도 있는 심장을 안고 살아야 한다.

아직 아이들은 어리고 남편은 병약하다. 내가 살아있어야 할 시간은 막내딸이 결혼하여 마지막 출산을 하는 때라고 혼자 꼽아보고 있었다. 산후조리는 내 손으로 해주고 싶어서. 막내딸의 막내 아기 출산을 정성껏 돌봐주고 나면 내가 이 땅에서 엄마로서 꼭 해야 할 일은 다 한 거라고 생각했다.

혼자 남을 남편도 산후조리 해줄 친정 엄마가 없는 딸만큼이나 불쌍하겠지만 그는 어떻게든 자기 생을 이어가겠지, 믿어지는 구석이 있었다.

내가 잡아놓은 최소한의 생은 아직 좀 더 있어야 하는데, 죽음은 내 심장 가까이로 나도 모르게 다가와 있었다.

사랑함으로 얻는 위로 ———————

　힘든 병을 이겨낸 남편이 그동안의 부진을 씻어내고 사역의 본궤도에 오를 때였다. 남편은 고교 동창에게서 전화 한 통을 받았다. 동창인 한 친구가 말기 암으로 시한부 인생을 살고 있으니 목사인 네가 와서 기도라도 한번 해달라는 부탁이었다. 평소 친하지도 않고 연락도 안 하고 지내던 이의 갑작스러운 부탁이었지만 목사로서, 아니 친구로서 어떻게 거절하겠는가.

　일정도 꽉 찼고 감기 기운까지 있던 남편은 암환자에게 옮길까 봐 바로 가지 못하고 일주일 뒤로 약속을 정했다. 위독하다고 했으면 그 밤에라도 달려갔겠지만 그런 말은 없었다. 내일 일을 알지 못한 채 오늘을 사는 우리. 그 친구는 약속한 날이 오기 전에 소천을 하고 말았다.

이 일은 남편에게 큰 충격이 되었다. 죽어가는 자를 위한 친구의 기도 부탁이었다. 내가 무슨 일을 하느라 이런 일을 놓친단 말인가, 이 질문은 그의 현재를 이루는 모든 걸 흔들어 놓았다. 사역에 밀리고 일에 끌려다니느라 정말 중요한 걸 놓치고 있다는 생각이 그를 사로잡았다. 이것이 부르심에 맞는 삶인지 계속 질문이 이어졌다.

장례식장에서 만난 서른 명 가까운 동창들 가운데 누구도 예수님을 믿지 않고 부인을 따라서라도 교회 한번 다녀본 적 없다는 이야기를 듣고 온 남편의 고민은 더 깊어졌다. 아흔아홉 마리의 양을 놔두고 길 잃은 양 한 마리를 찾으러 나섰던 예수님. 그 목자의 심정이 남편의 마음에 훅 들어와 버렸다. 자신과 또 다른 자신, 가장과 가족, 목사와 교회, 현재와 미래 사이에서 그는 번민에 빠졌다.

식구들이 잠든 깊은 밤. 그는 자주 불 꺼진 방에 우두커니 앉아있었다. 이 모습을 지켜보던 어느 날, 내 눈에 그는 여리고로 가는 길에서 강도를 만나 모든 것을 다 빼앗기고 죽도록 맞아 쓰러진, 그 강도 만난 자처럼 보였다.

이 사람은 언제 강도를 만났던가. 그가 빼앗긴 건 무엇인가. 그가 내 눈에 왜 그렇게 보였는지 설명하기 어렵다. 건강을 잃어서가 아니었다. 젊음을 잃어서가 아니었다. 모든 것이

제자리로 돌아왔지만 모든 것을 잃어버린 사람처럼 보였고, 모두가 환영하는 자리로 돌아왔지만 너무나 고독해 보였다.

이 사람에게 다가갈 선한 사마리아인이 나밖에 없다는 사실은 명백했다. 나는 급한 대로 상처에 포도주와 기름을 부어놓고 이 사람을 나귀에 태워 어서 이 골목을 벗어나야 했고, 이 광야를 빠져나가야 했다. 그리고 그를 치료하고 회복을 도울 여관을 찾아야만 했다.

그런데 주님, 여관은 어디에 있습니까.
우리는 어디로 가야 합니까.

이 막막한 질문을 안고 남편을 지켜보았다. 그는 긴 번민을 끝내고 내게 하나님이 허락하신 새 사명을 얘기해주었다. 예수님을 본받아 울타리 너머에서 길을 잃고 헤매고 있는 양들을 찾아가고 싶다고 했고, 하나님이 그 소원을 허락해주셨다고 했다. 아직 어디로 가야 할지는 모르나 떠나야 하는 건 정해졌다. 예감은 틀리지 않았고, 나는 씩씩해져야 했다.

서로 의지하며 사랑하던 교인들과 작별하고, 터를 닦고 기둥을 세우고 건물이 세워지는 걸 매일매일 가서 보며 쓰다듬었던 교회당을 떠나왔다. 지금도 눈을 감으면 떠나온 교회가 생각난다. 마라나타홀 내 자리에 앉아 늘 보던 뒷모습들이 눈앞에 떠오른다. 다들 자기 자리가 정해져 있었기에 앞에서부터 죽 훑어서 내려올 수 있다. 서로 인사하자고 하면 뒤돌아보면서 웃던 얼굴들도 보이는 것 같다. 예배를 마치고 돌아가며 인사 나누던 얼굴들도 다 생각난다.

내가 다니던 동선 옆으로 늘 보이던 풍경도, 땀을 뻘뻘 흘리며 뛰어다니던 아이들, 조그맣게 모여 앉아서 깔깔깔 장난치던 아이들, 엄마 품에 안겨있는 아기의 손도, 아빠 손을 잡고 겨우겨우 계단을 오르던 작은 발도 눈에 선하다. 교사를 하면서 친해졌던 사춘기 아이들, 인사를 하자고 하면 못 이기는 척해주며 웃었었지.

멀리서 나를 보고 달려와서 인사하던 꽃 같은 청년들, 언제 또 책 나눔 모임을 하느냐고 물었던 빛나던 눈동자, 대학 합격 소식을 전하던 이들이 잘 성장해서 결혼 소식을 전하는 것을 지켜보았다.

결혼하여 집과 교회를 떠났다가 출산 후 아기를 안고 첫 예배를 드리러 와서 인사를 하던 자매들은, 나를 보면 눈시울이 붉어졌다. 그들을 안아주며 생각했다. 친정 엄마 걱정하실까 봐 애써 감췄던 마음이 터져 나온 것이겠지. 말 안 해도 안다. 아기를 키우는 일은 정말 힘든 일이다.

세월은 얼마나 빨리 지나가 버렸는가. 같이 아기를 낳고 기르며 이제 성년이 된 자식을 나란히 바라보던 나의 친구 같았던 이들, 내가 겪을 일들을 앞서 겪던 언니 같았던 이들, 내 손을 잡고 당신 마음 안다고 해주던 친정 엄마 같았던 이들, 그래서 눈물을 쏟게 했던 이들, 우리 큰아이 결혼을 나보다 먼저 그려보던 이들.

그 가운데 천국에 먼저 보내드려야 했던 때, 나는 또 얼마나 울었던가. 그들이 내게 보내준 사랑과 격려를 하나님은 다 아신다. 사랑은 사라지지 않고 그리움은 날로 더해지니 나는 그들을 가슴에 품고 기도한다.

남편은 예수님을 믿지 않는 친구들이 있는 부산으로 가자고 했다. 그를 고민하게 한 시작점인 곳. 나이 오십이 넘도록 교회 문턱도 한번 넘어보지 못한 친구들에게 인생의 가장 귀한 선물을 소개하고 싶어 했다. 우리 가족은 기꺼이 그의 결정을 따랐다.

친구란 누구일까. 우리가 생각하는 그들이 주님께서 보내주시고 맡기시는 이라면 좋겠다. 그는 여기서 사랑을 할 것이다. 사랑하기 위해 애쓸 것이다. 친구들에게, 이웃들에게, 잃어버린 영혼들에게, 울타리 너머에서 헤매고 있는 양들에게 사랑을 전하고 복음을 전할 것이다.

이것이 그에게 치료가 될 것이다. 사랑함으로 비로소 위로를 얻을 것이다. 그러므로 여기가 그의 여관이 될 것이다. 그렇게 생각한다.

사랑을 알다 ———————

오빠만 셋인 막내딸이자 외동딸로 자랐다고 하면 모두가 사랑 많이 받았겠다고 부러워한다. 그렇지, 그랬지, 선뜻 동의 한다. 그러나 이런 말을 듣고 나면 생각이 많아진다. 내가 받은 사랑을 다시 생각하게 된다. 나를 위해주는 사람들이 많은 데서 자란 덕분에 구김살 없는 사람이 됐지만, 그들이 사랑이라며 내게 준 것들이 때로 나를 갑갑하게 하고 체하게 했다. 도망가고 싶고 거부하고 싶었다.

이런 식으로 말고 다른 식으로 달라고 말하고 싶었다. 그러나 어린 나는 요구하지 못했고 주는 대로 다 받아먹으면서 이게 사랑이야, 사랑해서 이러는 거야, 하며 자신을 달랬다.

엄마는 나를 무조건 집에만 있게 했다. 나쁜 사람들이 예쁜 나를 보면 잡아간다는 게 엄마의 지론이었다. 어렸을 때는 엄마 말대로 될 것 같아서 정말 세상이 무서웠다. 언제나 집 안에만 있으며 대문 밖에서 놀다가도 곧 집으로 들어오고 골목을 벗어나지 않았다. 오빠들이나 있어야 골목을 벗어나 동네 밖을 나가보곤 했고, 교회에 갈 때는 옆도 뒤도 보지 않고 곧장 교회로만 갔다.

식구들이 모여 밥 먹는 자리에서 어른들과 오빠들 이야기를 듣다가 할 말이 떠올라 내 생각을 말하려 하면 '예의'라는 이름으로 제지를 당하고, '순서'라는 무형의 압력이 들어왔으며, 올바른 출처와 무결한 논리를 요구하는 오빠들의 잔소리까지 들어야만 했다. 집안에 가만히 앉아 입까지 다물고 듣고만 있어야 하는 게 식구들의 사랑을 독차지하는 내 신세였다.

내 이야기를 귀담아듣는 초롱초롱한 눈을 본 적이 없었다. 지겹도록 답답한 층층시하에서 자라다 보니 여자를 어린애 취급하거나 여동생 대하듯 하려는 남자들, 쉽게 말해 '아녀자'로 아는 남자들은 상대도 하지 않는 여자가 되었다. 여자를 가르치려 드는 남자들은 내 상대에서 자동으로 제외되었다.

그런데 이런 남자들이 얼마나 많던지. 예수님을 믿는 남자를 만나기도 어려운데 매사에 나와 눈높이가 같은 남자, 누가 이기고 질 것도 없이, 가르치고 말고 할 것도 없이 평등하고 선명하게 남녀 관계를 만들어나갈 줄 아는 남자를 만나는 건 하늘의 별 따기같이 느껴졌다. 남녀 관계란 정녕 이런 것인가.

이때 내 앞에 나타난 사람이 남편이었다. 그에게는 남녀 차별, 남녀 구분이 없었다. 이 점이 굉장히 큰 장점으로 보였다. 남자와 여자를 대하는 태도가 다르지 않은, 내가 본 최초의 인물이었다. 그는 여자에 대해 환상을 품고 있지 않았고 선입견도 없어 보였다. 남녀노소에게 같은 정도로 친절했다. 좋게 발전하면 여자를 보호하려 들고, 나쁘게 나가면 여자를 가르치려 드는 남자들만 보다가 균형 잡힌 남자를 보니 정말 신선하고 매력적으로 느껴졌다.

균형이 잡혀도 얼마나 잘 잡혔는지 흔히 말하는 매너, 그게 모자라는 게 좀 아쉬웠지만 어쩌면 당연한 것 아닌가. 이런 남자가 거의 없는 걸 경험으로 알고 있는 바, 선택을 안 할 이유가 없었다. 내게 매우 냉랭하고 의심 가득한 시선을 보냈지만 나의 진심은 통했고, 우리는 결혼했다.

과연 그는 남편의 자리에 와서도 아내를 조금이라도, 잠깐이라도 하대한 적이 없었다. 그런데 5년, 10년, 15년, 20년이 지나면서 내 마음속에 물음표를 그리는 날이 점점 많아졌다.

이상하다.

이 사람 날 사랑하는 거 맞는데

왜 이렇게 하지?

왜 이렇게 힘들지?

그러던 어느 날 나는 남편에게 선언했다. 선언이라기보다 죽기 전에 지르는 비명 같은 것이었다. 당신은 나를 사랑하는 것이 아니다. 사랑한다면 이렇게 할 수는 없다, 라고. 그는 이런 나를 보며 큰 충격을 받았다. 그리고 질문했다.

사랑이 뭔데.

사랑하는 게 뭔데.

사랑은 사랑하는 사람이 원하는 게 뭔지 알고, 그렇게 해주는 거라고 했다. 사랑이 그런 거라면 자기는 한 번도 사랑을 받아본 적도 없고, 누구를 사랑해본 적도 없다고 했다. 이렇게 말하고 그는 무너져 내렸다. 이어서 청천벽력 같은 소리를 했다. 그에게 사랑이란 '보호하는 것'이라고. 그제야 알았다. 내가 왜 그렇게 많은 물음표를 그렸는지.

보호라고? 보호가 사랑이라고?

엄마의 사랑도 과도한 걱정과 철저한 보호였다. 보호라는
이름표를 달아놓고선 사랑이라고 우기는 엄마가 지긋지긋해
서 도망간 곳이 엄마보다 더 강력한 보호를 사랑으로 알고 있
는 사람에게라니.

　보호를 사랑이라고 생각하는 사람들은 모두 자기만의 기준
이 있었다. 내가 보기에는 하나도 위험하거나 불안하지 않은
데 그들 눈에는 너무나 위험하고 불안했다. 이유는 끝도 없었
다. 듣고 있으면 정말 그렇겠다는 생각이 들기도 했다. 그러
나 그건 자기 생각이다.

　보호하는 것이었으면서, 이것이 사랑이라고 내게 쏟아부었
지만 결국은 자기 생각을 내게 강요하는 것 그 이상도 이하도
아니었고, 그건 내가 어린 시절부터 시달렸던 일종의 폭행이었
다. 내 불행이 시작부터 예견되어 있었는데 나도 모르고 그도
몰랐다.

　나는 남편을 의심하지 않았다. 그는 가끔 내게 고백했다.
살면서 누군가를 나처럼 사랑한 건 처음이라고 했다. 부모도
형제도 자식도 나만큼 사랑해본 적은 없다고. 그가 내게 보내
는 모든 것을 사랑으로 알고 꿀꺽꿀꺽 삼켰다. 날이 갈수록
체증에 걸렸고 토하고 싶었고 행복하지 않았다. 그런데 이유
를 몰랐다. 원인 제공자는 명백한데 원인을 몰랐다.

이 벼락을 동반한 천둥 번개가

우리 부부 사이를 찢을 듯이 쳐댈 때

이건 사랑이 아니라고 말하고,

'사랑은 보호'라고 그가 말했을 때

우리는 3년을 연애하고

20년을 같이 산 부부에서

비로소 처음 사람 대 사람으로

서로를 응시했다.

그리고 우리의 이야기를,

각자의 이야기를 풀어나갔다.

그가 그의 부모로부터 받은 사랑은

기대와 보호였다.

그는 그것을 사랑인 줄 알고 꿀꺽 삼킨 것이다.

내가 걱정과 통제를 사랑인 줄 안 것처럼.

그게 사랑이 아니어서 어떤 부작용을 낳았는지는

얘기할 필요가 없었다.

이미 내가 당할 만큼 당했으므로.

우리가 받은 게 만약 사랑이었다면.

사람이 사람에게 줄 수 있는,

부모가 자녀에게 주어야 하는 건강한 사랑을

내가 받고 또 그가 받고 자랐다면
우리 인생의 어느 지점에서
어떻게 얼마나 달라질 수 있었을까.

이 사건은 우리 인생의 큰 전환점이 되었다. 내가 좀 덜 참았으면 좋았을까. 10년만 참고 일찍 터뜨렸으면 더 좋았을까. 그러면 좀 더 일찍 서로를 불쌍히 여기고 응원해주지 않았을까. 그러나 내가 그를 의심하지 않았던 만큼 내게 20년이 필요했다. 지금이 하나님께서 우리에게 허락하신 때이다.

그분의 섭리를 믿고 감사한다. 나이 오십에 마주한 자아. 알았다고 해서 인생의 흐름을 꺾어 뭔가 새로운 시도를 해보기에는, 그래서 진정한 자아를 성취하기에는 에너지도 없고 의욕도 없지만 우리의 깨달음과 성찰이 서로에게, 각자에게, 우리가 너무너무 사랑하는 우리 집 다음세대에게 도움을 줄 수 있다면 그것으로 만족하고 감사한다.

우리는 사랑을 주기로 했다.
아이들에게 기대를
사랑으로 포장하지 않고
보호와 걱정과 조종을
사랑으로 포장하지 않고
사랑을 사랑으로 알게
진짜 사랑만 주기로 했다.

기대할 때는 기대라고 말하고
보호하고 싶을 땐 보호라고 말하고
걱정이 될 때 걱정이라고 말하고
이게 사랑이라고 말하지 않기로 했다.

Part

2

부모의 방

사랑의 뒷모습

　그렇게 우리들의 시간이 흐르는 사이 큰아들이 대학생이 되었다. 대입을 성공적으로 해낸 스무 살 첫 겨울, 그동안 그렇게 동경하던 청년부 수련회를 떠났다. 청년이 된 큰아들은 눈이 부시도록 멋졌다. 좋은 시간을 보내고 오너라. 인생의 가장 황금 같은 이 시간에 기쁜 얼굴로 교회 수련회를 떠나는 사람으로 자란 게 고마워서 마음이 뭉클하기까지 했다.

　그날, 밤늦게 누워 잘 준비를 하는데 전화벨이 울렸다. 그 시간에 오는 전화가 반가운 전화일 리 없다. 청년부 인솔 전도사님이었다. 큰아이가 저녁 집회 전에 쓰러져 가장 가까운 종합병원 응급실로 왔는데, 그때까지 깨어나지 못하고 있고 의사들도 원인을 밝혀내지 못하고 있다고 했다. 속에서 구토가 나려고 했다. 이게 무슨 소리인가. 건강하게 자라서 체대생이 된 아이였다. 전도사님이 이어 조심스럽게 말하기를 의사가 '과호흡증후군'이 아닐까, 했다는 것이다.

처음 듣는 병명이었다. 일단 알겠다고 하고 다시 연락을 받기로 하고 전화를 끊었다. 옆에 누운 남편에게 내용을 전하니 그는 듣다 말고 순식간에 코를 골며 잠에 빠져들었다. 그런 모습을 보며 남편의 병을 더 확실히 이해하게 되었다. 회피였다. 감당할 수 없는 사실 앞에 스스로를 보호하려는 방어기제가 움직인 것이다. 잠이 그를 끌고 어딘가로 가버린 것 같았다.

남편에게 신경 쓸 형편이 아니었다. 도대체 과호흡증후군이 뭔지 검색을 시작했다. 이 증상이 남편이 앓는 병과 일맥상통하다는 걸 알고, 뒤통수를 한 대 세게 맞는 것 같은 충격을 받았다. 어찌할 줄 몰라 터질 것 같은 가슴을 부여잡고 엎드려 주님만 부르고 있는데 다시 전화가 왔다.

큰 소리로 코를 골던, 그러나 단잠을 자는 코골이가 아니었던 남편이 벌떡 일어나 나보다 먼저 전화를 받았다. 전화기 너머로, 아빠~ 하는 큰아들 목소리가 들리자 나는 참았던 울음을 터뜨렸다.

우리 가족에게 무슨 일이 있었던 것일까.

남편이 상담을 받기 시작했고 나는 옆에서 참고인 겸 증인으로 앉아서 그가 하는 이야기를 들었다. 인생의 비밀을 풀 열쇠가 될 만한 잃어버렸던 이야기를 찾아내거나 억눌렸던 분노가 터져 나오거나 감춰졌던 눈물이 쏟아져 나오는 것과 같은 극적인 모습은 전혀 없었다.

몇 회를 마치고 나오면서 생각이 정리되는 것 같다, 카테고리별로 정리가 되는 것 같다는 말로 소감을 마쳤다. 우리 부부를 보는 객관적 시각에 대해 듣고 배웠다. 도덕적 기준이 너무 높고, 물로 치자면 맑아도 너무 맑은 사람들이란다.

남편부터 시작한 상담은 나로 이어졌고 큰아이 일이 있고 나서 아이들 모두 각각 검사와 상담을 진행했다. 우리 모두 상당한 수준의 우울증을 앓고 있었다. 아이들은 아이들대로 부모가 겪는 세상 풍파를 지켜보며 간접경험을 하고 있었다. 우리 부부는 조금만 더 있으면 사랑이다, 아니다를 놓고 파국으로 치닫는 막장 드라마를 찍을 예정이었으니 이를 지켜보는 아이들이 얼마나 불안했을까.

교회공동체 안에 있었으나 우리 아이들이 느끼는 감정은 고립감이었다. 아무도 없어서 느끼는 게 아니라 모두가 있는데도 어쩔 수 없이 느끼는 감정. 아이들은 집에서도 자신들의 문제에 골몰해있는 부모를 봐야 했다. 엄마가 늘 함께 있었지만 넷 모두에게 요구하는 단체 생활의 총칙만 있을 뿐 아이 각자가 필요로 하는 관심과 돌봄을 줄 줄 몰랐다.

　나의 내면의 갈등과 가족 안에 전면으로 등장한 갈등이 씨줄과 날줄이 되어 회복이라는 무늬를 짜가고 있었지만, 이건 지금에 와서야 보이는 것이고, 당시는 정말 모든 것이 무너져 내리는 것만 같았다.

　나는 그동안 무엇을 하고 살았나,
　아이들에게 무슨 짓을 했던 것인가.

　모든 문제의 원인이 남편인 것 같았다. 나만의 괴로움으로 갈등이 끝날 것 같았을 때는 참는 게 능사였다. 얼마나 잘 참았는지 20년을 참았다. 그러나 아이들의 문제로 새로운 국면에 접어들자, 나는 눈에 보이는 게 없었다. 이때였던 것 같다.
　사랑이라고 하지 말라, 그것은 사랑이 아니다, 네가 하고 싶은 대로 하면서 나를 사랑해서라고 말하지 말라, 이렇게 발악할 용기가 생긴 건 내가 엄마였기 때문이다.

　남편과 내가 스스로를 볼 수 있게 되자, 아이들이 비로소 눈에 들어왔다. 그들이 얼마나 방치되어 있었는지 알 수 있었다. 그들은 우리를 참아주고 있었다. 자아를 찾느라 헤매는 부모를 참아주고 있었다. 항상 웃는 얼굴을 한 채.

기대와 보호라는 이름의 사랑, 걱정과 통제라는 이름의 사랑을 받은 우리가 어떻게 정상적인 사랑을 아이들에게 줄 수 있겠는가. 불가능하다. 그래서였을 것이다. 하나님은 우리 부부에게 사랑이 무엇인지 알게 해주셨다. 우리가 받은 대로 주고 있던 걸 멈추게 하셨다. 아이들이 우리에게 보내고 있던 신호를 드디어 알아보게 하셨다.

기대와 보호의 뒷면에는 '자기식대로'가 따라붙었고, 걱정과 통제의 뒷면에는 '의심과 불안'이 있었다. 아이들은 앞면도 사랑이 아님을 알았고 뒷면의 정체도 알고 있었다.

우리만 몰랐다. 이 모든 것이 우리 눈에 들어왔던 그날, 다 내려놓았다. 그리고 사과를 했다.

사랑이 아니었는데
그걸 사랑이라고 우겨서 미안해.
너희들이 받아야 했던 건 이런 게 아니었는데
이런 걸 주면서 사랑이라고 우겨서 미안해.

어떻게 새로운 시작을 할 수 있을까. 아이들의 이야기를 듣고 싶었다. 돌아보니 나는 훈계도 길고 잔소리도 많은 엄마였다. 불안하니까 걱정되니까. 이젠 하지 않는다. 아이들의 이야기를 먼저 들으려고 한다. 입을 닫는 게 몸에 밴 아이들의 마음을 알기 위해.

듣기만 하라고, 따라오기만 하라고, 순종만 하라고 강요받은 아이들에게 이제는 내가 너희들의 이야기를 듣겠노라고 다짐했다. 그들의 입과 마음을 열기 위해. 아이들은 얼마나 착한지. 나 같으면 그렇게 긴 세월 동안 자신을 기만한 인간을 상대조차 안 하련만 그러지 않았다. 벌써 마음의 빗장을 치워 두고 나올 준비부터 하고 있었다.

엄마가 손 내밀어 주기를, 불러주기를 기다리고 있었다는 듯 달라진 내 눈빛과 음성에 스르르 다가와 내 무릎에 기대어 엎드렸다. 그동안의 긴장을 풀 듯 그렇게 와서 자신들의 이야기를 하나둘 꺼내주었다.

아이들만의 세상에서 유독 맘고생이 심했던 큰딸은 그 부작용인지, 자신이 수용되고 환영받는 잠깐 동안의 세계를 완벽한 이상향으로 보려는 경향이 있었다.

이번엔 다를 거야! 여기는 다를 거야! 기대하지만 아이들의 세계란 어디나 비슷한 법, 또다시 현실 인식으로 이어질 수밖에 없었다. 기대와 실망을 여러 번 거치면서 많이 속상했지만, 어른이 있는 세상이 제대로 된 세상임을 깨닫는 유익은 있었다.

우리 딸은 단박에 알아듣는다. 그곳에 어른이 있단다, 라는 엄마 말을. 이는 선과 악이 구별되어 선은 칭찬받고 악은 제재당하며 벌을 받는다는 것이다. 제대로 된 인정과 칭찬이 있고 불의를 못 본 척하거나 조용히 덮고 지나가는 게 통하지 않는다는 것으로 알고 있다. 마음에 원통함이 없고 억울함이 없는 곳이다. 나도 어리석고 한계 있는 사람이어서 제대로 알아보지도 않고 일방적인 판결을 내리는 실수를 범하기도 하지만 아이는 인정해준다.

엄마는 최선을 다하고 있다는 것을. 내 안에 있는 양심이 바래지 않고 아이들의 저항을 귀찮아하지 않고 매 순간 마땅히 해야 할 바를 가르친다는 건 매우 힘든 일이나 감당해야 했다. 나는 어른이므로.

어른이 있다는 것은 '하나님이 살아계시다'의 불완전한 축소판. 완벽할 수 없다는 것을 받아들이고 나의 사명을 감사히 받고 기꺼이 입을 연다.

그건 죄야.
그건 걔가 잘못한 거야.
그건 네가 잘못한 거네.
그건 충분히 오해받을 수 있는 말이야.
걔가 하고 싶었던 말은 아마 이거였을 거야.
네가 하고 싶었던 말은 이거 아니니?
너 굉장히 속상했겠구나.
말하지 그랬어.
그래, 그 순간 말문이 막힐 수 있지.

그렇지만 다음에는 말할 수 있지?

이번에 배웠으니 다음엔 잘할 수 있을 거야.

그때는 좋았지? 일이 이렇게 될 줄은 몰랐지?

괜찮아, 겪으면서 배우는 거야.

그래, 예측할 수도 있어야지. 이제 할 수 있을 거야.

이런 말을 한 가지라도 하려면 아이들의 말을 열 마디, 스무 마디라도 먼저 들어야 한다. 이런 말만 나 혼자 신나게 늘어 놓았다가는 아이들은 입을 다물어버리고 만다.

하나님 앞에 나아가 우리가 일방적으로 얼마나 많은 말을 늘어놓는지 생각하면 우리가 얼마나 많이 아이들의 말을 들어 야 하는지 실감이 난다. 며칠을, 몇 주를, 어떤 건 해를 넘기도 록 기도하면서 아뢰어도 아직도 할 말이 남지 않았는가.

듣고 듣고 또 들으면서, 즉 말하고 말하고 또 말하게 하면 서 그가 스스로 답을 찾아간다면 가장 좋고, 내 조언과 지도 가 필요한 때를 찾아 한마디 해준다면 길게 하지 않아도 무슨 말인지 아이는 알아들을 것이다.

꼭 있어야 할 어른으로 남아 그들의 마음을 시원하게 해주 는 지혜로 그들의 삶을 응원하고 기대하고 바라보고 싶다. 그 들로 말하게 하라. 그 입을 열게 하라.

닫힌 문

아들 둘을 키우다 딸 둘을 키우니 많은 차이점이 있었지만 내게 유난히 크게 다가온 한 가지는 '닫힌 문'이었다. 아들들은 문을 닫는 법이 없었다. 문을 좀 닫고 다니라고 일러줘야 할 정도로 온 방문을 열고 다녔고, 단 하나 예외가 있다면, 레고 놀이를 하고 싶은데 여동생들이 와서 흩뜨릴까 봐 못 들어오게 할 때였다.

그러나 딸들은 자주 문을 닫았다. 오빠들이 스물이 돼서도 안 닫은 방문을 딸들은 초등학교 입학 무렵부터 닫았다. 나는 그 닫힌 문이 신경 쓰였다. 딸들에게서 어떤 사인을 받은 것이 아니라 내 안에서 생기는 단절이나 거부 같은 것에 대한 태생적인 근심이었다.

어느 날, 방으로 들어오실 때는 노크와 함께 들어가도 되냐고 물어봐 달라는 정중한 부탁의 글귀가 문 앞에 붙었다. 움츠러든 마음을 이겨보려고 일부러 밝은 목소리로 문을 벌컥 열면서 우리 딸들 뭐 해~ 하며 쑥 들어가 버릇했더니 이런 편지가 나붙었다.

다투는 소리나 노는 소리가 들리는 것 같기도 했지만 내가 끼어드는 걸 거부하는 것 같은 닫힌 문 앞에서 열고 들어갈 용기가 나지 않았다. 잠깐 주저하며 문 앞에 서있게 되었다. 당당하고 거칠 것 없는 내가 왜 이 문 앞에서는 유독 작아지는 것일까.

외동딸로 자라 자매들의 세계에 들어가기가 주저되었던 것과 어렸을 때 영문을 알 수 없는 따돌림을 당한 게 아직도 마음에 남아있는 것인지…. 내 딸들의 방문 앞에서 그 혼란스러운 기억이 소환되는 게 서글프기도 했다.

문득 생각이 났다. 나는 아무도 없는 집에서 대부분의 시간을 보냈다. 할머니가 계셨지만 귀가 많이 어두우셔서 일상 대화가 잘 이루어지지 않았기에 같이 방에 있어도 아무 간섭 없이 하고 싶은 걸 다 하면서 하루를 보냈다.

할머니가 돌아가시고 난 다음에는 나 혼자였다. 저녁이 되어야 들어오는 가족이 반가울 정도로 집 전체를 내 공간으로 썼다. 그럼에도 밤에 내 방에서 이것저것 할 때는 나도 방문을 닫았고, 그건 어떤 뜻도 아니고 그냥 닫힌 공간에서 안정감을 느끼며 내 할 일을 하고 싶을 뿐이었다.

아이들은 어려서는 닫힌 공간에 혼자 있는 것을 괜히 무서워하지만 크면서 닫힌 공간이 주는 안정감을 좋아하게 되는 것 같다. 그 공간을 오래 쓰고 싶은 마음이 생기고 그곳에서 하고 싶은 일, 잘되는 일을 찾아낸다.

큰딸은 시끄러운 것을 유난히 싫어해서 손님이 오셔도 인사만 하고 제 방으로 쏙 들어가 문을 꼭 닫는다. 조용히 있고 싶을 때 한방을 쓰는 동생이 떠들거나 시끄러운 음악을 틀면 내쫓기도 한다. 자기가 더 크게 웃고 떠들 때도 있으면서 조용히 있고 싶을 때는 유난을 떤다.

나는 이것을 존중한다. 방이 여러 개라면 진즉에 아이들 각각 방을 따로 내줬을 것이다. 자기 공간이란 내게도 소중했다. 외동딸로 크기도 했고 여러 가지 이유로 혼자 있는 시간이 많았기에 큰딸의 성향을 십분 이해한다.

지금도 이런 시간이 필요할 때 아이들에게 솔직하게 말한다. 엄마 혼자 있고 싶다고. 아이들은 너무나 엄마를 잘 알아서 사실 이런 말을 할 필요도 별로 없다. 척 보면 안다. 저 엄마가 저렇게 나올 때는 혼자 내버려둬야 하며, 조금만 있으면 다시 쌩쌩해져서 기분 좋은 상태가 되어 나온다는 걸.

딸들도 여자여서인지 나와 비슷한 것 같다. 뭔가가 틀어져서 삐쳐있는 것 같을 때는 그 공간에 있고 싶은 만큼 있게 놔두면 먼저 기분이 풀렸다는 신호를 보내며 나온다.

문제는 그 방에서 뭘 하고 있느냐가 엄마들의 관심이다. 나는 겨우 책 읽고 음악 듣고 피아노 치고 어쩌다 공부하고 일기 쓰는 게 전부였는데, 딸들은 대부분 휴대폰을 만지고 또 만지고 주야장천 들여다보고 있다. 그러다 목과 어깨와 손목과 눈이 아프면 잠시 내려놨다가 괜찮아지면 다시 만진다. 이걸 어느 엄마가 좋아하겠는가.

요즘 아이들의 소통방식이 만남과 수다가 아니고 채팅과 카톡이니 어느 정도는 내가 양보해줘야 했다. 아무도 안 나와 있는 공원에 나가서 친구를 만날 때까지 기다리라고 할 수도 없다. 휴대폰 들여다보는 걸 막으면 걔는 외딴섬에 있는 거나 다를 바 없게 된다. 대신 의무과 책임을 얘기했다. 그것을 지켜야 방문은 계속 닫힐 것이며 휴대폰도 네 손안에 있게 될 거라고. 여기까지는 사춘기를 그다지 문제없이 그럭저럭 넘어가고 있는 아이들 이야기일 것이다.

학교에서 심각한 문제를 안고 있는 아이이거나 친구들 사이에서 고민이 깊은 아이는 그 어마어마한 스트레스를 풀 길이 없어 일단 방안에 박힌다. 문을 꽝 닫은 채. 잊기 위해서이기도 하고 스트레스에서 놓이고 싶어서이기도 할 것이다.

뉴스에 나오는 심각한 경우가 아니라면 대부분의 아이들은 서로 이런 스트레스를 주고받는다. 한 아이가 일방적으로 받는 것도 아니고 다른 아이가 주기만 하는 것도 아닌 것 같다. 다 같이 잘 지내주면 좋으련만 그렇게 지내는 걸 보고 배운 적도, 경험한 적도 없는 아이들은 조금만 안 맞는 친구, 조금만 못 따라오는 친구도 놀리고 따돌린다. 온 동네 아이들이 다 비슷한 병을 앓고 있고, 다 비슷한 모습으로 치료의 시간을 보내는 것 같다.

아이에게도 혼자 있고 싶고, 혼자 조용히 있고 싶고, 혼자 오래 있고 싶고, 자주 그렇게 하고 싶은 때가 온다. 이 시간은 가라앉히는 시간이자 벗어나는 시간이기도 할 것이다. 필터링을 하거나 튜닝을 하는 시간도 될 것이다. 초점을 맞추는 시간이기도 할 것이다.

존중이나 배려라고는 없는 곳에서 이리저리 치이다가 돌아왔다면 지쳐있고 상처받았을 수도 있다. 지친대로 화가 난대로 얼굴에 다 드러내고 들어온다면 오히려 엄마에게는 반가운 신호다. 집이란 힘든 얼굴로 들어와서 편안해진 얼굴로 나가는 곳이다. 엄마 앞에서, 집에서 독소를 빼면 된다. 이것을 할 수 없는 아이, 할 줄 모르게 된 아이, 해봤자 소용없다고 생각하는 아이가 정말 불행한 아이다.

살아있는 모든 것에는 시간이 필요하다. 충분한 시간이 있어야 제대로 자란다. 하나님이 모든 피조물에게 공평하게 주신 시간이 유독 우리나라 아이들에게는 야박하다.

생각을 정리할 시간도 없이, 생각에 생각을 펼칠 시간도 없이, 꼬리에 꼬리를 물 시간도 없이, 감정을 가라앉힐 시간도 없이, 감정을 키워볼 시간도 없이, 그러다 터져버린 감정을 따라 울어볼 시간도 없다. 마치 밤이고 낮이고 커야만 하는 운명을 가진 비닐하우스 속의 식물들처럼 해가 지고 난 다음 불어오는 저녁 바람에 흔들거리지도 못한 채 오로지 자라야 하는 게 유일한 삶의 목적이 되고 말았다.

아이들이 방에 들어가는 시간을 존중하자. 그 인생의 가치가 오직 성취와 성공에만 있는 것처럼 생각되지 않도록 부모인 우리가 그들의 혼자인 시간을 존중하자. 정글을 어슬렁거리는 호랑이처럼, 초원에 웅크린 채 꼼짝 않는 사자처럼 자기 자신에게 향하는 혼자만의 시간을 그들에게 주자.

아이들은 방안에서 듣고 있다. 침묵 속에 흐르는 걱정과 불안, 신음과 한숨을. 이상하게 이런 건 잘 들린다. 이런 분위기로 아이의 마음에 천근만근을 더하지 말고 차라리 거리두기를 하라고 권하고 싶다.

　음악을 틀어놓고 요리를 하며 흥얼거리는 엄마의 목소리, 집에 아무 일 없는 듯 과자 먹으며 TV 보면서 나머지 식구들이 낄낄거리는 소리가 들린다면 그 평화로움에, 그 걱정 없음에 나라면 기대고 싶을 것 같다. 슬그머니 나올 때 자연스럽게, 아주 자연스럽게 합류할 수 있도록 도우며 가까이 앉게 해서 어깨라도 안아준다면 그것으로 족하다.

　아이는 또 제 방으로 들어가서 방문을 굳게 닫을 것이다. 불러도 대답하지 않고 물어도 입을 열지 않고 문을 두드려도 열어주지 않을 것이다. 열고 나올 것만 오매불망 바라지 말고 그 아이가 혼자 있는 시간을 믿어주고 존중하고 기다려준다면, 열고 나온 그의 이야기에 귀 기울여준다면, 무슨 이야기든 다 용납한다면 언젠가는 내가 똑똑 문을 두드렸을 때 경쾌하고 밝게 네~ 하는 소리를 들을 날이 꼭 올 것이다.

　왜냐면 아이는 엄마를 사랑하니까. 엄마가 고마우니까. 세상에 그런 사람이 아빠 엄마밖에 없다는 것을 잘 알게 되었으니까.

　메모지가 붙은 날, 똑똑똑 노크를 한 뒤 조심스럽게 방문을 열어보았다. 딸들은 아무 일 없다는 듯 제 할 일을 하고 있었다. 들어오는 나를 향해 웃으면서. 자기들 방으로 들어오는 것을 환영했다. 안도의 한숨을 쉬고 딸들 방에서 놀다가 나왔다. 그 뒤로도 그 방문은 자주 닫혀있었다. 늘 닫혀있었다는 게 맞다. 그때마다 조용히 문을 열고 들어간다. 그들은 늘 환영한다. 이 환영은 나에게 아주 좋은 치료제이다.

다른 세대 ———————

큰아이와 막내는 10년 차이가 난다. 한 세대란 30년이라고 배웠지만 급변하는 한국 사회에서 체감하기로는 10년 안짝인 것 같다. 큰아이 키울 때랑 막내 키울 때는 정말 모든 면에서 차이가 크다. 그중 가장 적응이 안 되는 게 바로 이 장에서 얘기할 '랜선 세계'에 관한 것이다.

영화에서 보던 상상의 세계가 시간이 흐른 뒤에는 실제 생활로 구현되는 것을 보면서 살아왔지만, 로봇과 우정을 나누는 전 단계로 보이는 이 랜선 세계는 어른들과는 달리 아이들의 세계 속에 정말 깊숙이 들어와 있다.

큰아이는 또 다른 구세대여서 이런 세계 속에서 살아본 적이 없어 적응도 못 하고 이해도 못 하는 게 우리와 마찬가지다.

그래서 부모와 같은 마음으로 동생들의 행태에 혀를 차며 기가 막혀 한다.

이들은 인터넷 안에서 사람들을 만난다. 현실의 아이들은 다 학원에 가있다. 친구와 함께 있어도 부모의 강력한 통제 아래 있다 보니 맘 편히 뒹굴며 몇 시간씩 보낼 수 있는 아이가 거의 없다. 그래서 사람을 사귀는 데 드는 에너지 그리고 그만큼의 기쁨을 별로 느껴보지 못하고 자란다.

반면에 랜선 세계에는 아이들이 넘쳐난다. 가상의 세계, 익명의 세계, 그리고 평등의 세계에서 아이들은 맘껏 활보하며 전국구로 친구들을 사귄다. 얼굴 한 번 보지 않고 1,000일 동안 우정을 유지한다. 이 정도의 우정을 나누는 사이는 일상을 공유하면서 서로 전화를 연결해놓고 서로의 생활 소음까지 함께 한다.

통화가 목적이 아니다. 연결만 시켜놓고 아무 말도 하지 않으면서 상대의 공간에 소리를 통해서 들어가는 것을 보면 이들도 현실에서의 우정을 구현하고 싶은 욕망이 있음이 보인다. 랜선을 타고 친구 집에 놀러간 것이다. 친구 엄마 목소리도 들리고, 그 집 강아지 짖는 소리도 들리고, 초인종 소리와 현관문이 열리고 누가 들어오는 소리까지 듣고 있다. 굳이 귀 기울여 듣지 않아도 서로 켜놓고 있으면서 같이, 함께 있는 걸 느끼고 싶어 한다.

이 세계엔 가족이 따로 있다. 친구 사이에서 발전한 아빠, 엄마가 따로 있고 오빠, 동생도 있다. 이들은 그 시점의 주인 공이 곤란을 겪고 있을 때 현실 가족보다 더 똘똘 뭉쳐 앞뒤 가릴 것 없이 덤벼들어 주인공을 보호한다. 무조건 우리 편을 든다. 잘잘못을 묻지도 따지지도 않는다.

그러나 해체도 쉽다. 내 아빠가 원수의 아빠이기도 하고 그 게 들통 났을 때 미안한 기색이나 한마디 사과 없이 아빠의 선 택에 따라 내가 내쳐지기도 하고 원수가 내쳐지기도 한다.

내가 내쳐질 때의 감정은 랜선에 있을까, 현실에 있을까. 영 원한 우정을 확신하면서 살 나이인 사춘기 때에 화무십일홍 의 교훈부터 배우는 요즘 아이들. 나의 경우에는 소중한 관계 란 저절로 얻어지는 게 아니라 공을 들여 쌓아가는 것임을 깨 달으면서 어른이 되었다. 그런데 이 아이들은 자신의 의지와는 상관없이 믿었던 탑이 하루아침에 와르르 무너지는 것을 랜선 에서 매일 경험한다.

친구라고 생각했던 이가 뒤에서 내 욕을 하고 다니는 것도 수없이 경험한다. 배신은 아무리 자주 경험해도 적응이 되지 않을 것이다. 상처 따위, 그 누구도 돌아보지 않으니, 받은 만 큼 돌려주며 적응해야 한다. 심지어 사랑에서도 이런 일들이 일어난다. 한꺼번에 여러 사람과 동시에 사랑을 주고받는 것 이 가능한 게 랜선 세계다.

파렴치한들이 우글우글하다. 일말의 죄책감도 없다. 그러나 이건 내 시각이다. 아이들은 대부분 코웃음 한 번 웃고 넘어간다. 아직 입문의 시기를 벗어나지 못한 자들은 그래도 한 줄기 눈물을 흘린다. 그러나 그도 금방 적응한다. 이 무렵의 세계에 진심이란 휴지조각과 같다.

이런 학습이 철저히 이루어져서일까. 현실 세계에서 우정을 나누는 데 아이들은 다 냉담하다. 기대가 별로 없어 보인다. 사람에 대해 안 좋은 학습을 이미 거친 것이다. 먼저 배우고 먼저 익숙해진 랜선의 생활방식으로 현실을 사는 아이들이 대부분이다.

모두가 자기 마음대로 한다. 그러니 상대적으로 약한 아이는 당하고만 산다. 그 아이는 또 자기보다 약한 상대를 찾아 당한 만큼 갚아주려고 할 것이다. 약한 아이가 언제라도 약한 건 아니다. 키가 역전되는 건 얼마나 많이 일어나는 일인가. 덩치가 달라지고 기질도 달라진다.

돈으로 많은 것을 할 수 있다는 것을 아이들도 잘 알고 있다. 주머니에 돈을 갖기 위해, 돈이 있는 주머니를 찾기 위해 아이들은 서슴지 않는다. 두려움도 부끄러움도 없다. 변수가 덩치, 힘, 돈이라니, 이건 조폭들의 세계에서나 통하는 것인데 아이들에게도 먹히는 일이 되었다.

이 세계를 내버려둔다면 세상은 고담시(Gotham City)가 되어

버릴 수도 있겠다는 생각이 든다. 이 두 세계를 구분해주는 게 내 일이었다. 랜선 세계가 아무리 강력해도 휴대폰만 끄면 끽 소리도 못 하고 사라지는 세계다. 랜선 세계 사람들과의 관계도 마찬가지다. 그리고 그들은 너무나 노골적이기에 어쩌면 인간세계를 배울 수 있는 좋은 학습관이 될 수도 있다. 부모가 어떻게 개입하느냐에 따라서.

그럼 개입은 어떻게 할 것인가. 우선은 미리 구축된 부모 자식 사이의 탄탄한 관계가 있어야 한다. 매우 중요한 필요충분조건이다. 이게 없다면 어렵다. 아이들이 일을 당했을 때 쪼르르 달려와서 몽땅 이르고 싶은 아빠 엄마가 되어야 한다.

그래야 아이의 사춘기 시절에 일어나는 일, 랜선 세계에서 일어나는 일을 귀동냥이라도 할 수 있다. 이 귀동냥을 말 그대로 동냥하듯이 비굴한 기분이 들어도 한 푼이라도 얻어가는 자세로 성심성의껏 들어야지, 내 기준을 들이대며 뭐 하는 짓들이냐고 했다가는 정보 수집과 관계 유지에 실패할 확률이 높다.

들을 수 있는 채널을 확보해놓는 게 가장 중요하다. 이 채널 확보를 유지하느라 별별 얘기를 다 들어야 한다. 하품이 나올 정도로 유치찬란한 이야기를, 턱이 빠지도록 어이가 없는 이야기를 듣고 또 듣는 이유는 아이의 입이 내가 이들의 랜선 세계에 닿을 수 있는 유일한 전선이기 때문이다.

그런데 듣고 또 듣다 보면 패턴이 보이고 신호들이 읽힌다. 그런데 아이는 아직 어려서 읽어내지 못한다. 그걸 도와주는 게 내 일이다. 이 도움의 시간이 아이가 내가 속한 세계로 들어오는 순간이며 두 세계를 구분하고 현실 세계에 안착할 수 있는 시점이다.

이제부터 기술도 필요하고 인내도 필요하다. 안 좋은 경험만 잔뜩 하고 있거나 아니면 곧 안 좋은 경험이 될 환상 속에 잔뜩 취해 있는 아이를 현실 세계에 발끝이라도 디디게 만들려면 아이의 발에 추를 달아주어야 하는데, 그 추의 이름은 내가 생각하기에는 '존중'이다.

나는 내 자식도 나와 관계를 맺고 있는 상대로서 존중했다. 그가 존중받을 때, 즉 그의 생각과 감정과 결정이 존중받는 일상의 경험을 통해 이 세계가 훨씬 안전하고 좋음을 배우게 될 것이다. 그가 유지하고 있는 어설픈 우정 얘기에 귀 기울여줄 때 아이는 구술을 통해 스스로 정리되는 경험을 할 것이며, 이런 경험들이 쌓여 작은 지혜로 발전해갈 것이다.

아이가 처한 어떤 상황이라도 부모와의 소통이 열려있다면 모든 것은 교훈의 살아있는 재료가 된다. 두려워할 것이 없다. 제1 교훈은 나는 소중한 존재라는 것과 그다음은 나만큼 그도 소중한 존재라는 것을 인정하는 거다. 가장 소중한 건 무엇일까. 고민할 것도 없이 나 자신이다. 내가 가장 소중하고 그다음에 타인이 있다.

하나님 사랑과 이웃 사랑을 가장 중요한 법으로 배우는 우리는 동시에 자기 부인을 배우다 보니 자기 자신을 사랑하는 데 굉장히 인색하다. 하나님을 사랑하고 이웃을 사랑하라고 했지, 자신을 사랑하지 말라고는 안 하셨다. 자기를 부인하는 건 자기를 소중히 여기지 말라는 게 아니다.

내가 없이, 내가 하나님으로부터 어떤 사랑을 받았는지에 대한 인식 없이 어떻게 하나님 사랑을 논할 수 있는가. 없다. 있다면 그는 하나님의 사랑에 대해 뭔가 착각하고 있는 것이다. 하나님을 아는 것은 내가 얼마나 소중한 존재인지 아는 것으로 연결되어 있다.

사랑하는 건 아는 것이다. 하나님은 내게 하나님을 알게 하시고 또 나를 알게 하신다. 이 사랑 안에 든든히 선 사람은 타인 앞에서 강하다. 타인을 두려워하지 않는다. 타인을 무조건 받아들이거나 배척하는 어리석음은 저지르지 않는다. 타인을 제대로 읽고 제대로 알게 된다. 이런 사람이 하나님 사랑이라는 큰 구름판을 딛고 이웃 사랑의 지경을 넓혀간다.

이것을 자기 힘으로 스스로 깨달아 알고 해내는 사람이 몇이나 될까. 사랑이 깨어지고 뒤틀린 이 세상에서 자기 자신을 건강하게 사랑하는 건 역설적으로 하나님 사랑을 깨닫기 전에는 너무나 힘든 일이다.

부모가 자식을 도와주어야 하는 가장 중요한 부분이 이 부분이라고 생각한다. 하나님의 사랑을 받는 존재가 하게 되는 자기 사랑. 이것 이상으로 큰 에너지가 없다. 자기 자신에 대한 사랑과 확신을 어느 스펙에 견줄 것인가. 이런 사람이라면 그가 지금 무엇을 하고 있든 그렇게 큰 문제가 되지 않는다. 내 인생의 주인공이 나라면 어디에서 무엇을 하든 그 인생은 성공이다.

이 교훈을 말할 수 있는 때가 사춘기다. 자기 자신이 누구인지 고민하기 시작했으니까. 랜선 우정을 통해 혼란을 겪든 환상에 빠졌든 그 세계의 동시다발성과 익명성을 이용한 막무가내는 부모가 이용할 수 있는 좋은 도구임에 틀림없다.

두려워 말고 상대하라. 별것 아니다. 아이들 놀음밖에 되지 않는다. 그러나 이것을 소중하게 다루지 않고 방치하거나 금지로 일관한다면, 랜선이 없는 아마존으로 들어가지 않는 이상 아이들이 그 세계에서 뭘 배우고 돌아올지는 아무도 모르는 일이다.

네 인생의 주인공은 너 —————————

나는 아이들이 해보겠다고 하는 걸 말리지 않는다. 생길 수도, 안 생길 수도 있는 걱정거리 때문에 내가 하고 싶다는 걸 다 뜯어말린 엄마 밑에서 자란 탓이 크다. 나를 키운 양육 철학의 정반대에 가 있고 싶은 반발심에 나의 아이들에게는 언제나 예스를 외치고 보는 엄마가 되었다.

세뇌란 얼마나 무서운 것인지. 단단히 작심했음에도 걱정이 먼저 깨어난다. 말리고 싶은 잔소리가 쏟아져 나오려고 한다. 내 엄마처럼 되지 않기 위해 정신을 바짝 차리고 부들부들 참으면서 아이들이 해보겠다고 하는 것을 선뜻 허락해준다.

우리 집 아이들도 똑같다. 아직 어리석고 판단이 미숙하다. 시행착오가 뻔히 보인다. 그래도 하고 싶은 대로 하게 한다.

인생에서 배울 것은 어른 말을 잘 들으면 자다가도 떡이 생긴다는 것이 전부는 아니다. 인생이란 생각대로, 계획대로 되는 게 아니라는 것, 철저히 준비하고 최선을 다했더라도 생각지 못한 변수를 만나 다 허사가 될 때도 있다는 것, 변치 않을 것 같았던 자신의 꿈과 마음이 변하기도 한다는 것을 배우게 될 것이다.

이를 경험하면서 궁극적으로는 전능하신 하나님께 삶을 의탁하며 그분이 이끄시는 대로 겸손하게 살아가기를 배우기 바란다.

강의 현장에서 가끔 받는 질문이 있다. 세상의 부모들이 원하는 전형적인 성공을 이룬 자식을 둔 어머니의 물음이다.

"우리 아이는 다 이루었는데 한 가지가 아쉬워요. 어떻게 하면 제 아이도 사모님 애들처럼 믿음으로 자라 교회에 잘 다닐 수 있을까요?"

나는 웃었다. 내가 그 방법을 어떻게 알겠는가. 모른다. 그러나 아는 것이 하나 있다. 하나님께서 사랑하는 자를 부르시는 방법은 사람마다 다른 것 같지만 크게 보면 그렇게 다르지 않다.

사람이 잘나갈 때는 자기가 잘나서인 줄로 알고 하나님을 찾지 않는다. 그러나 고난을 만나면 가르쳐주지 않아도 전능자를 찾는다. 그래서 하나님은 '인생 채찍'과 '사람 막대기'를 사랑하시는 자들을 위해 적당히 때를 따라 드신다. 그러니 걱정하지 말라고 했다. 그들이 어서 하나님 앞으로 나오기를 원한다면 고난을 주셔서라도 하나님이 그들을 불러주시기를 기도하라고 했다.

내 말을 듣고 안색이 바뀐 중년의 부인은 그렇게는 못 하겠다고 했다. 이것이 우리가 당면하는 모순이다. 진심으로 원하는 게 도대체 무엇인가. 자식을 상대로 원하는 것의 본질이 무엇인지 스스로 솔직할 필요가 있다.

성공이 가장 중요하다고 가르치면서 한쪽 구석으로 슬쩍 밀어두었던 믿음을, 이제 성공을 잡았으니 더욱 완벽한 인생을 위해 믿음을 갖게 해야겠다는 생각이 들겠지만 그게 마음대로 될 리가 없다.

인생에 대해서도 하나님에 대해서도 정말 뭘 모르는 사람들이다. 그러나 이들의 후손 가운데서도 하나님나라 일꾼들이 나오니 장담할 수 있는 건 정말 아무것도 없다. 이 인생의 비밀 앞에 서면 저절로 겸손해진다.

아이들이 해보겠다는 것. 그들의 생각과 뜻을 존중하는 마음으로 흔쾌히 허락한다. 나의 걱정과 불안은 얼굴에 드러나지 않게 꼭꼭 감춘다. 그것은 내가 감당해야 할 몫이다. 도전을 향해 가는 아이의 몫이 아니다. 내 몫을 안고 기도한다. 내 눈에는 보이는 위험 요소를 떠올리며 기도한다.

무조건 잘되게 해달라는 기도는 여호와 하나님께 드릴 기도가 아니다. 그것은 사람의 손으로 만든 신이나 들을 기도이다. 하나님께는 그분의 뜻이 이루어지길 기도해야 한다. 이 아이를 향한 하나님의 사랑, 그분의 계획을 믿고 그것에 기대어 이 일을 통해 아이가 배울 것을 위해 기도한다. 결국엔 하나님의 뜻이 이루어질 것이기 때문이다.

뭔가를 해보려고 하는 아이에게 허락을 해주면서, 하려고 마음먹었으면 끝까지 해라, 중간에 포기하지 마라, 식의 이야기는 하지 않는다. 이것도 날아오르려는 아이의 발에 그만큼의 돌을 매다는 것 같아서다. 중간에 포기할 만하면 포기도 하는 것이다. 포기하면 어떤가. 날갯짓이 벅찰 때는 다시 내려와서 힘을 키우든가, 날개를 살펴봐야지.

허황된 꿈과 엉성한 계획, 어리석은 시도와 불필요한 준비물. 이것이 몰고 올 참사에 가까운 실패와 실망을 귀하게 생각한다. 아주 사소한 것부터 장래의 직업을 결정하는 것에 이르기까지 최소한의 실수로 최대한의 완성품을 만들라는, 그것도 최상품으로 만들라는 압박은 하고 싶지 않다. 자신이 겪고 경험하면서 스스로 깨닫고 생각할 것이다.

자기 인생에 대해 가장 많이 고민하는 사람은 본인이다. 부모는 옆에서 지켜보다가 아이가 도움을 요청할 때 적당히 도와주고 다시 자기 인생의 주인공 자리에 두려워하지 말고 서기를 격려하고 뒤로 빠져나와야 한다.

그의 허술한 발걸음도 하나님이 인도하신다는 것을 나는 믿기에 배짱 편한 소리를 하는 것이다. 그렇게 하나님의 손을 잡고 걸어가서 두려움 없이 자기 인생의 주인공이 되기를 응원한다. 뜨겁게 열렬히 사랑을 다해.

싸워도 된다 ——————————

네 살 터울이 지는 첫째와 둘째, 둘째와 셋째와는 달리 두 살 터울의 셋째와 넷째는 자주 입씨름을 한다. 아이들이 싸우는 걸 못 보다가 늘 신경전을 벌이는 딸들을 보니 놀라기도 하고 한심하기도 해서 "너희 지금 싸우니?"라고 자주 물었다. 늘 아니라는 대답이 돌아왔다. 이게 싸우는 게 아니면 뭐가 싸우는 것일까.

집마다 다투는 아이들 때문에 골머리를 앓는지 "사모님네 아이들도 싸우지요?" 하는 질문을 많이 받았다. 그때까지 싸우는 걸 잘 못 본 나는 남들 맥빠지는 대답을 늘 했었는데 이제는 아니다.

싸우는 아이들보다 더 스트레스를 받는 건 나였다. 다른 집 아이들과 비교해보지도 못했지만 지금 생각해보면 심한 갈등도 다툼도 아니었건만 아이들이 어떤 갈등도 없이 평화롭게 지내기만을 원했다. 아이들은 싸우면서 크는 거라는 말이 싫었다.

저렇게 싸우다가 사이가 영영 안 좋아지면 어쩌나, 이런 걱정이 내 안에 깔려있었다. 갈등이 심한 가정에서 자랐기에 갈등의 조짐이 겉으로 드러나기도 전에 예민하게 감지했고 그것이 너무 큰 스트레스였다. 내 자식들이 나를 이렇게 힘들게 할지 몰랐다. 내가 너무 전전긍긍하니 아이들이 내 앞에서 감정을 드러내지도 못하고 그렇다고 감추지도 못한 채 행동으로는 싸우면서도 입으로는 아니라고 해왔다.

갈등이 조금도 없는 완벽한 관계가 이 세상에 어디 있다고 어린 자식들에게 원했단 말인가. 갈등을 피할 수 없으니 조절하고 해결하는 걸 가르쳐줬어야 하는데 앞에서는 위장된 평화라도 유지하라고 압력을 가했다.

갈등의 기억 자가 시작되자마자 빠르게 개입하는 진압군 덕에 겉으로는 평화가 유지되었지만 그건 내가 원한 평화였고 숨죽이고 풀지 못한 감정이 아이들 속에서 오히려 더 부글부글 끓고 있는지도 모를 일이었다.

그러나 이런 개입도 기운이 있어야 할 수 있다. 나이가 들어

절대적으로 기운이라는 게 떨어져 눈으로 뻔히 보면서도 입이 열리지 않는 지경에 이르러서야 아이들에게 비로소 시간이란 걸 줄 수 있었다.

가만히 보니 딸들은 해가 뜨면 싸우고 달이 뜨면 절친이 되었다. 이유는 지금도 잘 모르겠다. 낮에는 별것 아닌 걸로 아웅다웅하다가도 밤이 되면 자기들 방에서 끝도 없이 낄낄거리며 장난을 쳤다. 그렇게 싸우는 걸 내버려뒀더니 자기들이 알아서 풀 줄도 안다는 걸 배웠다.

그다음부터는 개입을 자제했다. 싸우는 걸 내버려둔다는 건 정말 힘든 일이었다. 갈등의 분위기가 주위에 머무는 게 견디기 싫었고 힘들었다. 그러나 바로바로 개입하여 진압한들 나아지는 게 없다는 걸 알았기에 그들이 풀어갈 시간을 주려고 노력했다.

그 자리를 피해도 보고 음악을 틀거나 책을 읽거나 아예 내 방으로 들어가 낮잠이라도 자거나 하면서 외면하기 위해, 어쩌면 내 기분과 감정을 지키기 위해 노력한 것인지 모른다. 이 방법이 의외로 괜찮았다. 그렇게 어렵지 않게 나를 지킬 수 있었고 아이들의 싸움은 내가 개입했던 때보다 더 심해지지도 않고 고만고만하게 오가다가 가라앉았다.

개입하지 않고 외면하고 있으니 아이들이 먼저 내게로 왔다. 좋은 현상으로 보였다. 입을 다무는 게 능사였던 나와 아이들 사이에 어찌 되었든 소통의 창구가 열린 것 같았다. 쪼르르 와서 다 고해바치는 것은 주로 막내가 하는 짓이다.

애가 얼마나 설득력이 있는 언어를 구사하는지 깜빡 속아 넘어가서 "뭣이 어째?"를 외치며 제 언니를 불러들였다. 의기양양한 얼굴로 서있는 동생 앞으로 불려온 큰딸은 간의 크기가 남달라서 기가 죽거나 의기소침한 기색이 전혀 없이 아주 담담하고 냉정한 얼굴로 둘 사이의 일을 자기 언어로 이야기한다.

그러면 정말 정반대의 시나리오가 그 입에서 나온다. 다시 막내의 얼굴을 보면 언니 말이 틀린 건 아니라는 초조함이 가득 묻어있다. 화살을 다시 막내에게 돌려 따져 물으면 그제야 큰딸은 엄마의 처사에 서운함을 얼굴에 가득 담고 제 방으로 들어가 문을 쾅 닫는다.

나는 막내의 감정대로 얘기하다가 다시 큰딸의 감정대로 얘기하는 이랬다저랬다 하는 엄마가 되었다. 이처럼 어리석은 엄마였다. 여러 번 거듭하면서 비로소 여자들 싸움에 개입해서 좋을 것 하나 없다는 걸 알았다. 둘 다 잃는 매우 어리석은 행동임을 배웠다.

어렸을 때 할머니와 엄마 사이를 오가며 둘의 마음을 풀어주려고 내가 한 행동은, 옆에 가서 앉아있는 게 다였다. 그 사람의 심정을 헤아리며 고스란히 내 마음에 담아 같이 끙끙 앓는 것이 내가 취한 행동이었다. 내가 어떻게 할 수 있는 일이 아니었기에 그렇게 무기력하게 그러나 마음에 납덩이를 몇 개씩 달고 함께했을 뿐이었다.

그때는 거리를 둘 줄 몰랐다. 그들의 문제일 뿐이라고 생각할 줄 몰랐다. 모든 것이 가라앉을 때까지 내버려두고 내 할 일을 하면 되는 걸 몰랐다. 같이 흔들리고 있어 봐야 하나도 도움이 안 된다는 걸 몰랐다. 누구의 문제에도 흔들리지 않고 나 자신을 지켜야 함을 그때의 나는 몰랐고 엄마가 된 후에도 몰랐다.

이제는 말하고 싶어서 오는 아이와 대화한다. 그 아이의 이야기를 귀 기울여 듣는다. 내가 정성을 다해 들으면 아이의 말하는 태도도 교정이 된다. 자기 좋은 대로 각색해서 말하지 않고 사실대로 말한다. 답답한 심정을 토로하고 싶어서 온 마음을 헤아리며 잘 들어준다.

대신 이 아이와의 대화로 끝낸다. 좁은 집에서 아무리 속닥거려도 상대 아이는 촉각을 곤두세우고 우리의 대화를 다 파악한다. 엄마가 누구 편을 드는지 어떤 판단을 내릴지 예민하게 듣는다. 이 모든 것을 감지하면서도 지금 내 앞에서 얘기하고 있는 아이의 말에 집중하여 이것저것 물어보면서 그 기분을 알아주고 달래는 것으로 끝낸다. 자기 이야기를 들어주는 엄마면 충분하지 않을까. 재판관은 안 만날수록 좋다.

나와 통하는 사람은 평생 잘 만나면 대여섯 명 정도이고 대부분이 나와 맞지 않는 사람들로 가득하다. 수없는 갈등에 우리 삶이 노출되어 있다는 얘기다.

세상에는 다름에서 오는 갈등이 있을 수밖에 없으며, 이것을 속 시원하게 해결하고 싶겠지만 쉽지 않은 일이며, 모든 관계에서 완전해지려고 하지 말고, 갈등 관계일수록 예의는 갖추되 무엇보다 자신을 지키라고 말해주고 끝낸다.

한편으로는 끝내야 하는 관계도 있다는 것을 배울 텐데 이것도 화해 못지않게 중요한 깨달음이다. 모두와 평화를 유지하려는 건 자기 자신을 괴롭히는 가장 효과적인 사고방식이다. 그럴 수 없음을 받아들여야 한다. 이 친구와는 여기까지구나, 받아들여야 할 때는 받아들이고 매듭을 지을 줄 아는 것이 현명할 때가 있다.

이것을 모르는 사람들이 자기 삶의 주체가 자신이 아니라 모두와의 평화로운 공존이어서 그것에 끌려 평생을 남의 비위를 맞추다가 기운 다 빼고 불행하게 산다.

아이들에게 한결같이 가르치는 게 있다. 형제가 가장 귀한 친구라는 거다. 가장 가까이에 있는 네 형제를, 자매를 귀하게 대하지 않으면서 밖에 나가서 진정한 친구를 찾아 헤매지 말라고. 하나님께서 네 인생에 주신 친구, 평생을 함께하며 네 편이 되어줄 가장 귀한 친구가 형제다. 그러니 존중하고 갈등이 생겨도 선을 넘는 말과 행동을 하지 말라고.

사랑을 가르칠 때 ———————————

아이들에게 사랑을 가르칠 때, 사랑은 곧 존중이라고 말해
준다. 마음에 일어나는 그 강렬한 감정보다 중요한 건 존중하
는 인격과 자세다. 감정만으로는 부족하다. 존중 없는 사랑
은 욕심일 뿐이다.

지금은 이십 대가 된 아들들이 십 대였을 때부터 가르쳤다.
여자를 좋아하는 것과 여자를 존중하는 건 별개임. 우선되
어야 할 것은 존중하는 마음이다. 호감이 없는 여자라도 존중
하는 자세로 대해야 하며 상대 여자가 이 존중을 호감으로 오
해할 때 정확하게 선을 긋는 것도 존중의 연장선이라고 가르
쳤다.

뒤돌아서서 툴툴대는 것도 정도가 있다. 상대가 없는 자리

에서 그에 관해 말할 때 너의 말속에 최소한의 존중이 사라지거나 무너진다면, 그건 존중이 아니라 시늉만 낸 것이라며 나는 듣기 거북한 마음을 내보였다. 이런 가르침을 들었던 아들들은 이제 성인이 되었다. 가끔씩 그들이 이성을 대하는 걸 볼 때가 있는데 마음에 든다. 다행이다.

반면에 딸들이 학교에서 부딪히는 남자들, 즉 중딩, 고딩들은 이런 교육을 받지 않았는지 매너가 아주 형편없다. 자세가 영 아니다. 그러나 본성을 거스를 수는 없는 법. 이성에게 끌리는 십 대 여학생의 놀라운 집중력으로 '남친감'을 고르고 또 고르는 작업을 결코 쉬지 않는다.

마침내!

그러나!

자존감을 어디다 놓고 다니는지 의심스러운 딸들에게 재교육을 실시할 때가 왔다. 누군가가 내 딸에게 관계를 담보 삼아서 뭔가를 요구하거나 조종하려 들거나 자기 마음대로 하려고 할 때가 이 교육이 가장 빛나는 순간이 될 것이다.

가면을 쓸 수는 있지만 계속 쓸 수는 없기에 언젠가는 인격의 민낯이 드러난다. 그래서 순진한 내 자식이 누군가에게 속아 넘어갈 것을 걱정하지 않아도 된다.

속아 넘어갈 수도 있고, 상처는 받을 수 있겠지만 미리 엄마가 알려준 대로 배우고 지나가는 순간이라고 가르치면 된다.

오히려 더 단단해질 것이기에 크게 걱정하거나 나무랄 일도 아니다.

어제의 다정한 연인이 오늘의 철천지원수가 되는 게 오늘날의 현실이니 부모가 사춘기 아이들의 이성 교제에 경기를 일으킬 필요도 없다. 오히려 과도하게 개입하며 감정적으로 대처하면 여리디 연한 아이들의 마음에 감당 못 할 부담이 될 수 있다. 이런 분야일수록 총론을 펼치는 게 유리하다.

그 기준이 바로 존중이다. 존중받고 있는지, 존중하고 있는지만 물으면 된다. 그렇다고 할 것이다. 그러면 내버려둔다. 시간이 의외로 빨리 해결해준다. 이 세대가 그렇다. 몇 번 겪고 나면 학습은 저절로 이루어져서 내가 생각한 게 존중이 아니었고, 내가 받았던 게 존중이 아니었다는 걸 알게 된다.

부모가 자신에게 주었던 존중과는 비교도 되지 않는다는 걸 알 것이다. 물론 그 나이 아이들이 배우지도 않고 훈련받지도 않았는데 어떻게 존중을 할 수 있겠는가. 없다. 이 사실도 가르친다. 얼마나 애송이들인지 인식하기를 바라며.

그러나 그도 지금은 그렇지만 자라면서 성숙해진다는 걸 가르쳐준다. 그래서 지금의 이성 교제가 처음엔 달아도 곧 질려버리는 불량 식품과 비슷한 구석이 있음도 알려준다. 피차 미성숙하기에. 내가 성장하고 상대도 성장하기를 기다려야 함을 배우기를 바라며 시간이 조금 더 필요한 나이, 다른 사람보다는 나 자신에게 열중해야 하는 나이라는 걸 가르쳐준다.

그리고 생각보다 시간은 빨리 흐른다는 걸 깨닫게 도와준다. 지나온 시간을 돌아보면 누구라도 알 수 있다. 시간이 얼마나 빨리 흐르는지.

그리고 하나 더 가르친다. 내 상대가 과연 누구인지 어떻게 알아보냐는 고민은 안 해도 된다고. '예수님을 사랑하는 사람'이라는 체로 한 번 거르면 우수수 떨어진다. 내가 쓴 이 체를 우리 자식들도 쓰게 되기를. 남은 사람 중에 '호감'이라는 체로 또 한 번 거르면, 사실 몇 안 남는다. 고민은 그때 해도 된다. 문제는 내 삶을 사랑하고 있는가, 나 자신을 사랑하고 있는가이다.

삶에 대한 두려움 없이 빛나는 눈동자를 가진 나. 그 눈빛을 알아볼 수 있는 이성은 인생에 한두 명이다. 그중 누구와 결혼해도 상관없다. 나의 선택을 도와주는 타이밍이라는 게 있다. 하나님의 섭리라는 보이지 않는 손이 시간을 움직여 우연을 가장하여 내 앞에 나타날 것이다. 그 순간, 내 앞에 있는 그 사람을 선택하면 된다.

결혼을 준비시키는 성교육 ———————

《성경 먹이는 엄마》를 출간한 지 햇수로 16년. 책이 나온 직후부터 지금까지 육아 현장을 떠나지 않았고 강의 현장도 완전히 떠난 적이 없다. 303비전성경암송학교 강의는 끝없이 이어졌고, 도저히 육아와 교회 사역과 강의를 병행할 수 없다는 판단이 서서 강의를 내려놓은 뒤에도 잊을 만하면 한 번씩 나를 찾는 교회 덕분에 현장의 소리를 계속 듣고 있었다.

나와 함께 나의 독자들도, 그들의 자녀들도 나이 들어가고 있다. 독자들의 고민과 질문은 자녀의 성장과 함께 다양하게 변해왔다. 질문들은 대체로 몇 가지 주제로 분류할 수 있는데 그 가운데 요즘 가장 많은 질문을 받는 분야가 바로 성교육이다. 아이가 초등학생이어도 고등학생이어도 질문은 똑같다. 엄마들이 이 질문을 하면서 보이는 혼란스러운 표정도 대체로 비슷하다. 모두 자신 없는 표정이었다.

성교육이 도대체 무엇을 교육하는 것인지 본인들도 잘 모르는 것 같았다. 코흘리개들도 받아야 한다는데 그 아이들에게 성을 왜 가르쳐야 하는지, 사춘기 지난 아이들에게는 어디서부터 어디까지 가르쳐야 하는지 다들 난감해했다.

꼭 필요한 교육이라니 이런저런 공부를 통해 다양한 시도를 했을 거로 생각한다. 가장 쉬운 접근인 그림책. 그림책을 같이 읽으며 이야기를 나누기도 했을 것이다. 생명의 탄생에 초점을 맞춘 그림책, 남녀 몸의 차이에 초점을 맞춘 그림책들을 함께 읽으며 내용을 풀어서 설명해주어도, 아이가 보이는 호기심과 궁금함을 다 만족시키는 대답을 해주기가 쉽지는 않았으리라.

몸의 차이를 얼마나 알면 남녀의 차이를 알게 될 것인가. 잉태의 과정을 얼마나 알면 사랑의 비밀을 깨닫게 될 것인가. 생명의 탄생에 관해 얼마나 알면 그 책임감을 배우게 될 것인가. 전자를 아는 것이 후자를 깨닫는 것에 직결되지 않는다는 것을 우리는 안다.

눈에 보이는 것은 전자이기에 전자를 가르치지만 아이가 진정으로 배워야 할 것은 후자이다. 이런 면에서 전자를 가르치는 것의 한계와 허무함을 가르치는 순간마다 느꼈다. 후자를 가르치기 위해서는 들을 귀가 준비되어야 한다. 때가 있다. 그러므로 성교육에 관한 그림책을 읽는 것만으로는, 청소년 권장 도서를 읽게 하는 것만으로는 부족할 수밖에 없다.

전자와 후자 사이에는 넓디넓은 강이 있다. 그 강을 건너는 다리를 놔줘야 가르치는 자나 배우는 자가 흥미 가득한 여행 끝에 안전하고 편안한 곳에 안착할 수 있다. 다리를 다 건너기까지 시간이 필요하다. 시간의 흐름에 따라 즉 나이에 따라 가볼 수 있는 구역도 다르다. 마침내 다리를 건넜다면 진정한 생의 기쁨을, 생명의 비밀을, 사랑의 의미를 배우게 될 것이다.

성은 결혼 이야기이다. 성교육은 결혼을 준비시키는 교육이다. 부부가 되는 것, 부모가 되는 것에 대한 교육이 성교육이다. 아이들이, 청년들이 사는 삶 전체가 장차 이룰 가정을 위한 준비가 되겠지만, 특별히 안내가 필요한 부문들, 예를 들어 경제 관념, 자기 관리, 시간 관리, 감정 관리, 대화법, 역할 분담, 자녀양육 철학 등 여러 가지 중에서 성교육이 출발점이자 정점이자 도착점이 될 것이다.

성은 남녀에게 주신 게 아니라 부부에게 주신 선물이다. 기독교 세계관에서 성이란 결혼 안의 성이지 결혼 밖의 성은 죄다. 결혼 밖의 성에 대해서 논할 것은 없다. 그러나 세상은 결혼 밖의 성에만 집중한다. 그들이 보고 듣고 끊임없이 관심을 두는 곳은 결혼 밖에 있는 성에 대해서다.

모든 스토리에서 결혼 안의 성은 언급되지 않는다. 그것이 이야깃거리가 되지 않는 이유는 사람들의 호기심을 전혀 자극하지 않고 결혼 안의 성을 들여다볼 수도 없으며 영상화될 이유도 없기 때문일 것이다.

영상에서 다루는 성은 결혼 밖의 성의 달콤함에 집중되어 있다. 한 사람에게 남길 수 있는 절망, 상처, 죄책감에는 관심이 없다. 이런 것들이 한 사람의 인생을 어디로 끌고 갈 수 있는지, 그 끝에는 무엇이 있을 수 있는지 보여주지 않는다.

이런 환경에 무방비로 노출된 아이들에게 성교육이란 도대체 어떤 목적을 가지고 해야 하는 것일까.

현재 학교에서의 성교육은 피임법에 관한 것이다. 결혼과 가정의 신성함을 배우던 우리와는 달리 지금은 자기 몸을 보호해야 한다는 개념조차 슬쩍 지나가고 책임을 지지 않는 것에 집중하여 배운다. 자기가 한 행동으로 일어날 수 있는 일에 책임지는 걸 가르치는 게 아니라 책임지지 않고 지나갈 방법을 가르친다.

자기 행동에 책임을 지는 것은 어릴 때부터 배우는 것으로 기본 중의 기본이다. 그러나 청소년이 되어 성교육을 배울 때는 전혀 다른 태도를 배운다. 물론 그 책임의 정도가 학생 신분으로 감당하기 불가능해 보이고, 파생되는 문제가 너무 크기에 이런 자구책을 쓰겠지만 근본적으로 배워야 할 것을 중점으로 가르쳐주지는 않는다.

청소년들, 아니 초등학교 고학년만 되어도 '남친', '여친'을 만들어 이성 교제라는 걸 시작하는데 이들이 서로에게 요구하는 충성도는 부부 사이에서나 가능한 정도다. 이게 너무 가소로웠다. 겨우 남친, 여친 주제에 남편이나 아내가 서로에게 요구할 수 있는 충성을 강력하게 요구한다. 어떤 책임이나 희생도 하지 않으면서. 이들이 결혼과 부부에 대해 얼마나 무지한지 보여주는 대목이라고 생각한다. 동시에 매우 위험한 대목이기도 하다.

한눈팔지 말 것.
어디에서 누구와 뭘 하고 있는지 모두 말할 것.
24시간 나만 생각할 것.

이건 부부 사이에나 가능한 요구다. 가능하지만 하지 않는다. 사랑은 이런 게 아니다. CCTV를 달아놓고 싶어 하는 사람과 어떻게 사랑을 한단 말인가. 이성 교제에 대해 뭔가 단단히 오해와 착각을 하고 있다. 그 강한 결속과 충성은 결혼 안에서 요구할 수 있다.

결혼이란 서로에 대한 무한의 책임이요 의무의 삶이다. 동거의 의무, 부양의 의무, 협조의 의무, 정조의 의무. 이 의무를 존경과 존중, 사랑과 희생으로 다하고 있는 부부의 세계를 겨우 남친과 여친이 되어 흉내만 내고 있으면서 서로에게 요구하는 배타성은 하늘을 찌른다.

가정은 남과 여가 남편과 아내가 되는 곳이다. 세상에서 남자를 여자보다 무조건 앞세우는 일이 있어서는 안 되지만 가정에서 남편은 아내의 머리가 된다. 세상에는 보이지 않는 유리 천장이 있어서 여자의 앞길을 막고 있지만 가정에는, 아내에게는 유리 천장이란 없다.

아내는 세상 어느 여자와도 비교할 수 없는 소중한 존재다. 자기 생명을 걸고 두 사람의 아이를 낳은 사람이다. 가정에서 남편 아래에, 남편보다 못한 자리에 있지 않다. 아내는 남편이 가장 존중해야 할 사람이다. 앞뒤의 말이 서로 모순되는 것 같지만 이것이 부부 사이의 비밀이다. 서로가 서로를 존중함으로 이 모순이 아름다운 조화를 이루는 곳이 가정이다.

아들들에게 말한다.

아내가 네게 요구할 수 있는 것이 있다.

그것을 구별해라.

여자친구가 그것을 요구한다면

그 애는 착각하고 있는 거다.

네게 아무것도 해줄 수 없고, 해주지 않는 사람은

그런 요구를 할 수 없다.

여자친구는 여자친구가 설 자리가 있다.

선이 그어져 있다.

아내의 지위를 여자친구에게 주지 마라.

너는 지금 그녀의 남편이 아니기 때문이다.

딸들에게 가르친다.

남자친구는 네게 어떤 요구도 할 수 없다.

자기 마음대로, 자기식대로 할 수 없다.

남자친구는 남자친구의 처지가 있다.

그에게 나중에 네 남편이 받을 대접을

해서는 안 된다.

남친과 남편은 비교할 수 없는 대상이다.

남편은 너를 위해 돈을 벌고,

번 돈을 다 네게 줄 것이다.

마치 자기 돈이 아닌 것처럼.

너를 위해 사는 사람이다.

땀 흘려 번 돈을 다 주면서 아까워하지 않는
사람이 바로 남편이다.
이 남편에게 보일 네 자세는 따로 있다.

상대를 마음대로 할 수 있다고 착각하는 요즘의 이성 교제.
그렇게 하는 것이, 그렇게 할 수 있도록 하는 것이 진정한 사
랑의 척도라고 오해한 결과 성은 이들이 상대의 마음을 확인
할 수 있는 가장 단적인 증거물로 전락해버렸다.

성은 부부에게 주신 하나님의 선물이다. 선물로 받아 기뻐
할 것이며 그들 사이에서 은밀하게 아무도 보지 못하게 극한의
배타성을 가진 부부만의 것이다. 성교육은 결국 부부의 세계
로 인도하는 공부가 되어야 한다. 결혼을 꿈꾸게 하고 준비하
게 하는 공부이다.

부부란 어떤 관계의 사람들인지 가르쳐줄 수 있는 시작이
성교육이다. 이 교육을 시작하는 부모가 서로 사랑하는 것이
어떤 것인지 마음껏 보여줄 수 있는 부부이기를 바란다. 자기
식으로 사랑하면서 사랑이라고 우기고 상대를 괴롭히는 탈선
에서는 벗어나 있기를 간절히 바란다.

소중한 것에 돈 쓰기 ———————

벌써 나이가 오십 대에 접어들었다. 아이들이 한창 교육비 들어갈 때가 됐는데 그간 홈스쿨링을 했기에 교육비에 관한 개념 자체가 없었다. 이제 하나둘 교육기관에 보내면서 얼마나 대책 없이 살았는지 실감한다.

교육비란 곧 내 수고비였기에 가정 경제 항목에서 책정된 적이 없었고, 예외 항목에 들어가지도 않았다. 그러나 항상 조금이라도 저축은 해왔다. 일반 가정에서 교육비가 전체 가계부에서 차지하는 비율을 생각하면, 아무리 목회자 가정이라지만 그 항목이 빠지니 먹고살고 남은 돈을 저축할 수 있었다.

돈. 돈은 모으라고 있는가. 쓰라고 있는가. 돈을 모아보니 모였으나 조금이라도 모인 돈을 쓰기 바빴다. 생활비가 아니라 모은 돈에 관해 써볼 생각이다. 마치 노후란 없는 사람들처럼, 미래란 없는 사람들처럼 모이거나 뭉칫돈이 생기면 쓰기 바빴다.

돈이 생기면 여행을 했다고 쓰려니 무슨 대단한 여행을 한 것도 아니고 정기적으로 여행을 한 것도 아니다. 그래도 가족이 다 함께 떠올리며 추억을 나눌 여행 이야기가 없는 건 아니니 여행에 돈을 쓰는 집이 맞다고 하겠다.

첫째와 둘째는 각각 기념 여행으로 혼자 집을 떠나 해외로도 다녀왔다. 돈이 경험이 되고 추억이 되어 어딘가에 남아있을 것이다.

아이들도 알고 있다. 우리가 대책이 없다는 것을. 그러나 무대책을 두려워하지 않는다는 것도 알고 있다. '에라, 모르겠다, 쓰고 보자'가 아니라 아무리 생각해도 이렇게밖에 다른 선택이 없다는 결론하에 떠난 여행이었음을, 그리고 그 여행을 통해 얻을 것을 생각하지, 잃을 돈에 대해 전전긍긍하지 않았음을 아이들은 알고 있다.

돈의 주인은 하나님이시다. 그분이 주시는 대로 먹고산다. 목회자 가정의 사례비가 빠듯하다고 하여 그 사례에 맞춰 가정 경제 규모를 정하여 살 수는 없었다. 초대하고 대접하고 선물하고 나누는 일이 늘 있기 때문이다. 쓴 것을 생각하면 늘 우리 규모를 훨씬 넘어서 있었다. 어떻게 보충이 되고 또다시 흘러갔는지 따져보지 않았다. 보충되어야 할 만큼을 생각하거나 아껴야 한다는 자각이 있었다면 나는 초대와 대접과 선물과 나눔을 하지 못했을 것이다.

통장 잔고는 부족하지만 항상 손님들로 북적이는, 따라서 웃음이 넘쳐나는 우리 집은 부자임에 틀림없다. 내가 그렇게 느낀다는 말이다. 관계 속에서 부요한 우리 부부는 돈이 딱 떨어져서 손님을 초대하지 못한 경우가 한 번도 없었다. 근사한 식당에서 손님을 대접하는 일은 자주 하지 못하지만 되도록 집으로 초대하여 내 노동력을 기꺼이 들여 손님들을 섬긴다.

우리 집에서 피어나는 형제 사랑의 시간에 때론 신앙의 고민, 인생의 고민이 오가며 눈물도 흐르지만 그것으로 끝나지 않고 회복과 소망으로 이어지니 이 아름다운 대화의 기쁨이 몇 시간에 걸쳐 펼쳐진다. 이것을 얼마의 돈으로 살 수 있을 것인가. 어른들의 어른다운 소통, 그들이 대화를 통해 길을 찾고 서로 도움을 주고받고, 오랜 시간을 거쳐 우정과 사랑을 쌓아 가족 못지않은 가족, 때로는 가족보다 더 가까운 가족이 되는 걸 아이들이 지켜보았다.

어떤 악의나 속임수 없이 선량하고 다정한 이웃이 늘어가는 가운데 아이들이 느꼈던 안정감은 좋은 집과 좋은 차, 좋은 옷과 좋은 음식이 주는 것과는 비교할 수 없을 것이다. 가진 돈으로 경험을 사고 친구를 살 수 있다면 마땅히 돈은 이렇게 써야 하지 않겠는가. 이것이 내가 가진 생각이다. 아낌없이 돈을 쓰며 살아왔다.

하나님은 자신에게로 와서 포도주와 젖을 사라고 하셨다. 돈 없는 자도, 값을 치르지 못하는 자도 와서 사 먹으라고 하셨다. 그냥 줄 테니 와서 얻어먹으라고 하지 않으시고 꼭 사 먹으라고 하셨다. 돈이 없는데 어떻게, 무슨 수로 사 먹을 수 있는가. 이 말씀을 밤마다 묵상하면서 이건 값을 치르라, 즉 대가를 지불하라는 말씀이 아닐까 생각했다.

영생은 얼마일까. 영생을 사기 위한 돈을 낼 수 있는 사람이 이 땅에 있을까. 사 먹으라는 말씀대로라면 영생을 사기 위해 어떤 대가를 치러야 할까. 무엇을 팔아서 살 것인가. 내다 팔 수 있는 값진 것은 내게 무엇이 있을까. 보석이어도 집이어도 땅이어도 영생을 사기에는 역부족이다.

가장 값나가는 것은 나 자신이 아닐까. 내가 가진 것 중에 가장 소중한 것은 나 자신일 것이다. 이것을 포기해야, 내다 팔아야, 영생을 얻기 위해 복음을 얻기 위해 생명을 버릴 때 영생이, 복음이 생명 안으로 들어오는 신비를 경험할 수 있을 것이다.

우리 가족만을 위한 돈과 시간이 필요하지만 그것만 고집한다면 친구를 얻지는 못할 것이다. 내가 더 가질 수 있는 것을 포기해야 친구를 위해 나누어줄 수 있기 때문이다. 좀 더 자세히 본다면 나의 생각과 감정, 솔직함과 당당함, 때로는 부끄러움과 아픔도 내놓아야 할 것이다. 그들의 이야기를 귀 기울여 듣는 경청도, 진심을 담은 동감도, 때로는 뼈아픈 조언도 필요했다.

남편도 나도 사실은 경험도 친구도 별로 없는 사람이었다. 우리는 외톨이였다. 경험을 하면서 우리가 얼마나 경험이 없었는지 알게 되고 친구들을 만날 때면 얼마나 친구가 없었던 사람인지가 표가 난다. 그것이 주는 행복이 크기에 여기에 돈을 쓰는 것이 전혀 아깝지 않다. 내 수고와 노동이 아깝지 않다.

우리 아이들도 돈을 이렇게 썼으면 좋겠다. 우리가 돈을 어떻게 쓰는지 보고 자랐으니 크게 다르지 않을 걸로 생각한다. 자기들에게 보고 느끼고 생각할 수 있는 시간과 공간을 주기 위해 우리가 치른 값을 그들은 안다. 돈 너머에 우정과 형제애라는 보석이 있음을, 넘어서는 자가 가질 수 있음을 그들은 보았다. 아는 대로 살기를 바란다.

사람을 살리는 말

　먹는 것에 관한 이야기이다. 열 살에 한국 전쟁을 겪은 엄마
는 자주 이런 말씀을 하셨다. 피난 떠난 지 한 달 만에 완전히
거지꼴이 되었다고. 집에서 키우던 돼지에게나 던져주던 고등
어를 겨우 한 마리 구해 와서 열두 식구가 나눠 먹었다고.

　어린 시절의 이런 기억이 엄마에게 먹는 것에 관한 한 맹렬
하고 집요한 욕구를 갖게 했고, 먹거리를 태산같이 쌓아놓아
야 마음이 놓이는 주부로 만들었다. 아무리 일곱 식구라지만
엄마의 태산을 소비하기에는 역부족이었다. 나는 다음 계절의
먹거리 장만을 위해 지난 계절의 먹거리를 다 버리는 엄마를 보
며 음식에 관한 어떤 욕심도 갖기 싫은 사람이 되었다.

　잔뜩 쌓인 음식 앞에 서면 모든 의욕이 사라졌다. 하찮게

대하고 싶었다. 손끝으로 한 번 찍어서 맛보고 그 자리를 어서 떠나고 싶었다. 세상에 의미 있는 것이 오직 먹는 것인 엄마가 불쌍하고 이해가 되면서도 도저히 함께할 수는 없었다.

이렇게 먹는 것에 질려버린 나였지만, 아직도 기억하고 있다. 봄날 오후 마당에 석유곤로 피워놓고 구워주시던 부추전, 오이소박이, 초여름 아직 어둠이 찾아오지도 않은 저녁에 온 식구가 함께 먹었던 비빔밥, 한여름의 냉면 그리고 깜깜한 밤 수박에 얼음과 설탕 넣어 먹었던 수박화채, 열무물김치와 수제비, 겨울날 김장김치, 성탄절 즈음에 먹던 단팥죽, 설날 아침에 먹던 갈비탕, 떡국….

그 음식 맛을 못 잊어 다시 먹고 싶은 것보다 그 음식을 함께 했던 할머니, 아빠, 엄마 그리고 오빠들. 그들과 둘러앉아 무슨 즐거운 이야기를 나눈 것도 아니고 행복이 철철 넘친 것도 아닌 그냥저냥 밋밋했던 사이였지만 이 음식들을 떠올리면 가슴 한복판이 뻐근해지며 그리움이 저 아래에서부터 복받친다. 사람 사는 세상에서 겪게 마련인 희로애락을 같이 나누었던 이들. 그들과 함께 먹었던 그 음식들이 지금의 나를 이루는 뼈가 되고 살이 되었다.

엄마가 식구들을 위해 준비하여 차려놓은 밥상은 위로도 되고 칭찬도 되고 응원도 되고 힘도 된다. 음식이 맛있을수록 말은 없어지고 수저 부딪히는 소리만 들린다. 나는 이 침묵의 식사 시간이 좋다. 말없이 바삐 먹으면서도 우리 가족은 지금 이순간의 느낌을 입으로 맛보고 코로 맡고 가슴으로 느끼고 있는 것이다. 이 순간이 주는 치유와 생산의 힘을 나는 대단히 소중하게 생각한다.

이 무언의 에너지원이 내면에 생기려면 가족이 있어야 하고, 가족이 밥을 해야 하고, 가족이 둘러앉아야 하고, 가족이 다 같이 먹어야 한다. 밖에 나가서 볼 일을 다 보고 돌아올 때 누군가가 집에서 내가 먹을 음식을 준비하고 기다리고 있다는 것은 허기진 배를 채우는 것을 기대하는 이상으로 훈훈한 행복을 느끼게 한다. 아이들이 밖으로 나도는 것을 막는 가장 효과적인 방법은 그 아이가 좋아하는 걸 해놓고 기다리는 것이다.

음식이 정서적 안정을 주는 것이라면 이성적 안정을 주는 것은 말이라고 나는 생각한다. 음식의 정서적 측면과 함께 영양적 측면을 간과할 수 없다. 싫어하는 음식은 입에도 대지 않는 아이를 위해 다양한 재료와 조리법을 고민해야 하는 것처럼 아이에게 말을 가르치고 말을 통한 이성적 안정을 주기 위해서도 세심한 준비가 필요하다.

우선은 아이의 이야기를 귀 기울여 듣는 것이 시작이다. 아이가 아이들만의 세계에서 혹은 그 세계의 안내자인 어른들과의 관계에서 겪는 일들을 이야기할 때 내 아이가 어떤 아이인지 알 수 있다.

좋아하는 친구를 이야기할 때 내 아이는 어떤 유형의 사람에게 호감을 갖는지, 또 어떤 면에 끌리는지 발견한다. 친구와 싸웠을 때도 때린 아이였는지 맞은 아이였는지도 알아야겠지만, 객관적으로 이 싸움을 어떻게 생각하고 있는지도 자세히 물어보아야 한다. 선생님이 한 이야기도 흘려들을 것이 아니다. 칭찬이었는지 힐난이었는지 지적이었는지 무관심이었는지 아이가 어떻게 받아들이고 있는지 자세히 물어본다.

이렇게 자세히 조사하는 이유는 일의 처음과 나중을 캐내서 내 아이가 억울한 일이 없도록 하기 위해서가 아니다. 내 아이가 어떤 사람인지 알 수 있는 중요한 단서들이기 때문이다. 섬세한 아이도 있고 단순한 아이도 있다. 예민한 아이도 있고 둔감한 아이도 있다. 예민한 아이라도 모든 면에서 예민하지는 않을 것이다. 어떤 특정한 부분에만 예민하여 일을 받아들이고 설명하는 것이 남다른 부분을 알 수 있다.

이렇게 아이의 세계에서 일어나는 일을 들음으로 집에서와는 또 다른 모습을 갖고 있음을 알게 된다. 이것이 가능하려면 대화가 있어야 하고 아이가 부모와의 대화에 익숙해야 하고 대화에 마음을 여는 관계여야 한다. 대화는 이성적 사고를 열어주는 좋은 도구이다.

아이들은 앞뒤 순서가 마구 섞인 채로 말하기 일쑤다. 자기 생각과 남의 말을 인용 표시도 없이 쏟아놓는다. 아이들이 사건을 이야기로 전달할 때 행하는 가장 큰 오류는 사건의 처음부터 끝까지 빼놓지 않고 다 얘기하는 것이 아니라 특정 부분만 부각하여 그 얘기만 한다는 거다. 완전히 다른 얘기가 된다는 것을 아이들은 모른다.

그리고 자기의 실수나 잘못은 매우 의도적으로 빼버린다. 이렇게 전달된 이야기는 대부분 부모를 흥분하게 만든다. 그러나 처음부터 끝까지 다시 말하게 하면서 논리를 타고 거꾸로 파고 들어가면 흥분할 일이 아닌 경우가 대부분이다. 그래서 대화는 꼭 필요하고 대화할 때는 솔직하게 말하는 것을 훈련시켜야 한다. 나는 이것을 훈련이 필요한 부분이라고 본다.

엄마 앞에서도 솔직하게 말해본 적이 없는 아이는 다른 사람들 앞에서는 힘들 것도 없이 자기 좋을 대로만 말할 것이다. 어른들 가운데서도 이런 사람들이 얼마나 많은가. 그들은 솔직해져 본 적이 없는 사람들이다. 솔직하다는 것은 자신의 부끄러움이나 모자람과 실수를 인정하는 마음의 자세다.

논리적으로 치밀한 대화를 통하여 아이들은 감출 수 있는 게 없다는 것을 배운다. 논리는 사실을 불러오게 마련이다. 따지고 드는 것과는 차이가 있다. 몰아세우는 것과도 다르다.

아이의 말을 잘 받아서 논리를 부드럽게 통과하게 한 뒤 다시 돌려주는 것이면 충분하다. 아이의 말을 믿고 존중하는 엄마의 태도와 논리적인 질문 몇 가지면 아이들은 진심을, 진실을 털어놓는다. 부모 앞에서도 감출 수 있는 것이 없는데 하물며 하나님 앞에서는 어떻겠는가. 이 절실한 깨달음을 아이에게 주려면 대화를 시작해야 한다.

이 모든 대화가 아이를 정죄하는 쪽으로 기울어서는 아이가 힘을 얻지 못한다. 솔직함을 얻으려면 무한에 가까운 용납을 먼저 주어야 한다. 용납하지 않는 사람 앞에서 누가 솔직해질 수 있는가. 그것은 두려움에 쫓겨 실토하는 것이고 죄의식만 갖게 할 것이다. 어떤 이야기든 어떤 잘못이든 다 들어주고 받아주고 나아가서 책임져 주는 부모에 대한 완벽한 신뢰가 아이를 솔직하게 만들고 세상에 감출 수 있는 것은 없다는 진리 앞에 도달하게 한다.

이건 우리가 하나님과 맺는 신뢰와도 연결된다. 부모인 당신은 하나님을 얼마나 신뢰하고 있는가. 그분 앞에서는 어떤 것도 감추지 않고 포장하지 않고 자신의 모든 것을 드러낼 수 있는가. 아직 그럴 수 없다면 이것부터 먼저 해결하고 아이 앞으로 가서 그에게 솔직하기를 요구하는 것이 옳은 순서다.

내가 하나님께 원하는 용납의 크기가 아이가 내게 원하는 바로 그 크기일 것이다. 부모에게 용납을 받아본 사람은 하나님의 용납하심이 그렇게 막연하지 않을 것이다. 멀리 계신 하나님이 아니라 내 옆에, 내 앞에 계신 하나님으로 느끼며 살수 있다.

용납하는 부모와 대화를 통해 신랄한 논리의 끝까지 가본 아이는 구태여 속이거나 감출 필요가 없이 솔직하게 자신을 드러내는 것이 얼마나 자유로우며 그것을 통해 받는 에너지가 얼마나 큰지 알게 된다. 이런 대화는 너무나 즐겁다. 우리 모두 내 안에 있는 것을 꺼내고 싶지 않은가.

용납이라는 양탄자 위에 너와 나의 진실을 두고 이야기꽃을 피워본 사람은 다시는 허물 뿐인 관계, 가식뿐인 대화 속에서 자신을 찾느라 헤매는 짓은 하지 않을 것이다.

또한 나는 아이들의 입에 말을 넣어준다. 친구와 마음이 맞지 않아 다퉜을 때, 선생님에게 오해를 받아 왔을 때와 같이 그 당시 너무나 강렬한 감정만 있고 뭐라고 해야 할지 말은 생각나지 않았던 아이에게 그럴 때는 이렇게 말을 하는 거라고 가르쳐준다.

상황에 맞는 말만 할 수 있어도 억울하고 분한 감정이 증폭되는 걸 막을 수 있다. 이것은 나이 든다고 저절로 알게 되는 것도 아닌 것 같다. 상황에 맞는 말을 찾아내지 못한 사람은 나이가 들면 화를 내거나 아니면 여전히 아이처럼 움츠러드는 모습만 보인다.

아이들에게 할 말을 가르치고 그 말을 입에 넣어줄 때 수위를 조절하고 적절한 단어를 알려줘서 싸우거나 당할 일이 아니라 말할 일이었음을 알게 해준다. 말도 못 하고 와서 뒤에서 이러쿵저러쿵하지 말고 감정이 더 커지기 전에 말하라고 가르쳐준다. 부드럽고 온화한 말만 하라고 하지 않는다. 아이라도 어떤 때에는 단호한 말도 필요하고 냉정한 말도 해야 할 때가 있다.

상황에 맞는 적절한 말을 하는 사람은 저절로 권위를 얻게된다. 하나님은 사람에게만 말을 주셨다. 동물들도 그들끼리의사를 소통하는 신호가 있겠지만 하나님의 형상을 입은 사람에게는 말이 있다. 이 말이 저들의 신호와 무엇이 다를까. 그들은 일일이 가르쳐주지 않아도 DNA에 내장된 바에 따라 정확하게 의도를 주고받는다.

동물들과 다르게 우리는 말을 어디에 쓰고 있는 걸까. 먹자고, 자자고, 오라고, 가라고, 혼난다고, 조심하라고만 쓴다면저들의 신호와 별다를 게 없다.

사람은 말을 통하여 살기도 하고 죽기도 한다. 희망을 갖게되기도 하고 절망에 빠지기도 한다. 자신의 감정을 말에 실어 내보내고 비로소 숨쉴 수 있게 되기도 하고 그것을 못 해 병이 나기도 한다. 말이 곧 그 사람이다. 쓰는 말을 보면 그 사람이 보인다. 말은 내 외모보다 훨씬 더 또렷하게 나를 나타낸다. 외모를 가꾸는 것 이상으로 말하기에 공을 들여야 하는 이유가 여기에 있다.

교양과 양식이 담긴 말이 동물들의 신호처럼 우리 DNA에도 어느 정도는 공통으로 들어가 있으면 얼마나 좋을까. 안타깝게도 이것을 중요하게 여기는 사람과 전혀 그렇지 못한 사람의 언어는 하늘과 땅 차이이다.

아이들이 말싸움에서 지지 않게 하려고 말을 넣어주는 게 아니라 싸움을 정리하는 자의 권위를 맛보게 하려고 말을 넣어준다. 사람을 살리는 사람이 되어야 하는 그리스도인. 사람을 무엇으로 살릴 것인가. 가장 보편적이고 아름다운 방법이 말로 살리는 것이다.

내 아이들이 듣고 살아나는 말을 하려고 나의 입에 재갈을 물리고 지혜를 구하며 조심스럽게 입을 뗀다. 사람을 살리는 말을 들어본 사람이, 들은 말을 통해 살아나 본 사람이 사람을 살리는 말을 할 수 있을 것이기 때문이다.

나를 위한 쉼

　딸들과 '안녕 자두야'라는 만화영화를 즐겨 본다. 난 자두 엄마를 참 좋아한다. 나랑 똑같은 면이 너무 많다. 그녀는 안방에 자주 누워 잔다. 낮잠 자다가 집안에서 일어나는 일에 반응하는 장면이 심심찮게 나오는데 그 장면이 너무 재밌다.

　모름지기 만화영화에서 엄마란 시장을 잔뜩 봐 와서 음식 만들다가 청소하다가 간식을 들고 아이들 방에 들어가 그들의 이야기 속으로 들어가는 장면이 대부분인데, 자두 엄마는 아니었다.

　나도 자두 엄마처럼 낮잠을 잘 잔다. 아이들이 그린 그림에 나는 늘 자고 있다. 자는 내 주위로 아이들이 엎드려서 그림 그리고 장난감을 가지고 놀았다. 하루 한 편씩 디즈니 만화

영화를 보는 시간, 아이들은 점점 화면 속으로 들어갈 것처럼 TV 가까이로 간다. 오프닝 음악을 들으며 이미 잠에 빠져든 내가 실눈을 뜨고, 뒤로 물러나서 봐~ 하면 큰아이는 한두 번 엉덩이를 뒤로 밀고 마는데 작은아이는 등이 벽에 닿을 때까지 밀고 오다가 벽에 붙어서 자고 있는 내 얼굴 위에 기저귀 찬 엉덩이를 깔고 앉아 정신없이 영화를 보는 일도 있었다.

사람들은 내가 완벽한 시간표를 짜서 그대로 행하는 유형의 엄마요, 홈스쿨 선생이라고 생각하는 것 같다. 그렇지 않냐는 질문을 많이 받았다. 아무리 아니라고 해도 믿지 않는 눈치다. 나름 계획이라는 것도 짜놓았지만 공부를 하는 아이와 젖병을 물고 있는 아이가 함께 있는 집이어서 예기치 않은 일이 자주 일어났고, 교회의 부름에 달려 나가야 하는 일도 불쑥불쑥 생겨서 늘 긴장을 늦추지 못하고 살았다.

그리고 결정적으로 체력이 턱없이 약하다. 늘 지쳐있는 엄마요 자주 졸고 있는 엄마다. 최소한으로 줄여놓은 일도 내 에너지로 감당하기가 벅차서 아이들이 보기에 늘 눈이 반쯤 감겨 있고 집에서는 편한 옷 중에 가장 편한 옷, 즉 잠옷만 입고 모든 일을 보는 엄마다. 오죽했으면 청바지만 꺼내 입어도 아이들이 교회 가냐고 물었겠는가.

지친 엄마는 아이들에게 죄책감을 심어주는 것 같았다. 아무도 일러주지 않았는데도 아이들은 피곤한 엄마 얼굴을 보며 자기 때문이라고 생각한다. 아니라고 하는데도 그렇게 생각한다. 죄책감을 가진 아이는 하지 않아도 될 일을 하고, 하지 않아도 될 말을 하며 엄마를 기쁘게 하려고 한다. 엄마의 웃음이 자기에게 달려있다고 생각한다.

나를 돌아보지 않고 남을 먼저 생각하는 사람이 된다. 피곤한 인생이다. 필요 없는 에너지 낭비로 보인다. 부모에게 사랑받으며 에너지를 비축해놓아야 할 시기에 별 에너지도 없는 아이가 부모를 기쁘게 하기 위해 힘을 쓰고 감정을 쓴다.

나는 아이들의 힘이 아까웠다. 그 힘은 엄마를 위해 쓰지 말고 아껴놨다가 자신을 위해 썼으면 좋겠다. 엄마는 아이들의 힘을 아껴주는 사람이다. 이 세상에서 부모 말고 누가 그것을 아껴줄 것인가.

아이들과 늘 함께 있었기에 내 시간이 따로 없었다. 피곤한 내색을 감추고 있다가 아이들이 없을 때 피로를 풀 여유가 없었다. 본의 아니게 지친 얼굴을 아이들에게 보이면서 그들이 느끼는 부담감과 책임감이 눈에 들어와서 낮잠 자는 엄마가 되기로 했다. 낮잠을 자는 것에 게으름이라는 이름의 죄책감이 들려는 것을 싹 걷어치웠다. 피로를 풀고 개운한 얼굴로 나와서 아이들을 볼 때 웃는 얼굴로 마주하는 게 훨씬 낫다고 단단히 생각했다. 아이들에게 말했다.

"엄마 잠 좀 잘게."

아이들은 흔쾌히 허락해준다. 내 낮잠에 그들만큼 너그러운 사람은 없다. 자라고 이불을 덮어주고 베개를 고여준다. 어떤 날에는 머리카락을 쓸어주며 순식간에 곯아떨어지려는 내 귀에, 엄마 많이 피곤하죠? 걱정 어린 목소리도 들려준다. 얼마나 행복하게 낮잠을 잤는지 모른다.

낮잠을 자려면 일을 미루어야 한다. 집안에만 있는 엄마였지만 주어진 일이 워낙 많아 다른 엄마들이 잘 하지 않는 종류의 고민을 늘 했다. 이 일을 해야 하나, 꼭 해야 하나, 저 일은 어떤가, 안 해도 괜찮은 걸까, 내가 꼭 해야 하는 일인가, 내가 왜 한다고 했을까, 다음에는 거절해야지, 할 수 있을 것 같았지만 도저히 내 형편에는 무리구나.

꼭 해야 할 일처럼 보이는 것도 미루거나 포기해야 할 때가 있다. 일에 지쳐있거나 의무감에 눌려있는 모습보다는 추려서 선택하고 버리고 포기하는 모습이 훨씬 낫다. 포기는 나쁜 것일까. 포기하는 건 지는 것일까. 매진하는 것만이 좋은 걸까.

포기를 하려면 우선순위를 세워야 한다. 포기하지 않는다면 우선순위라는 개념이 필요 없다. 다 할 것인데 순위를 뭐하러 정하는가. 포기하고 재배치하고 상황을 바꾸려는 사람에게만 우선순위가 필요하다. 그러면 내가 어디에 매진하는지 보인다. 매진하기 위해 무엇을 희생시키고 있는지도. 과연 희생시켜도 괜찮은 것들일까.

우선순위를 놓고 한참을 고민하다 보면 내가 나를 위해 살고 있는지 다른 누군가를 기쁘게 하려고 사는지 살펴볼 수 있다. 어느샌가 지친 나를 달래려는 내 아이처럼 자신을 돌보는 것은 뒷전인 채로 다른 사람을 기쁘게 하기 위해 달려가고 있는 건 아닌지 볼 수 있다.

나를 위한 쉼. 쉼이 있어야 회복이 있고 회복이 있어야 힘이 생긴다. 하나님은 우리에게 쉬라고 하셨다. 안식을 명하셨다. 모든 것을 내려놓고 나도 쉬고 아이도 쉬고 집안이 쉴 수 있는 배짱은 하나님이 내 삶을 책임지신다는 믿음에서 나온다.

쉼 없이 달려가는 것은 내가 달려가는 만큼 얻을 것이요 달려가지 않으면 그만큼 손해 본다는 세상의 가르침을 따르는 것이다. 내가 짓지 않은 집에서 내가 심지 않은 나무의 열매를 먹는 것이 우리에게 주시는 삶이다. 믿는 자가 쉴 수 있다. 믿는 자에게 쉼이 온다.

나를 버리고

　스물다섯에 결혼해서 올해 딱 쉰둘이다. 아들들은 이십 대가 되었고 딸들은 십 대가 되었다. 나의 이십 대, 삼십 대, 그리고 사십 대가 다 지나갔다. 전부 아이들에게 내준 시간이었다. 내가 가진 모든 것을 계발하여 아이들에게 퍼주느라 시간이 이렇게 지나가 버린 것도 의식하지 않고 살았다. 나를 위한 시간을 조금이라도 마련해두었더라면 어쩌면 한 분야의 전문가가 되었을 수도 있겠지만 결국 그러지 못했다.

　아이들을 위한 것이 항상 최우선이었고 이것을 앞지를 수 있는 것은 사모의 역할밖에 없었다. 엄마와 사모, 이 두 가지를 감당하느라 다른 것은 안중에도 없었다. 작가도 겨우겨우 완성도 떨어진 책들을 출간해주는 출판사 덕분에 명함을 내

밀 수 있었고, 강의나 강연은 역량 밖의 일이라 늘 거절 모드였다. 이 부분에 한해서는 한계를 잘 알고 있었다. 매우 다행이라고 생각한다. 내 에너지나 성격을 파악하지 못하고 부르는 대로 다 뛰어다녔으면 얼마 안 가서 폭삭 주저앉았을 것이다.

나는 에너지가 많은 사람이 아니다. 어렸을 때부터 매일 낮잠을 꼭 자야 할 정도로 체력은 약했고 해마다 일주일을 앓아누워 학교에 가지 못할 정도였다. 그래서 개근상도 정근상도 한 번도 타본 적이 없다. 홈스쿨을 하고 책을 쓰고 아이들도 많이 키우니 에너지 넘치는 사람인 줄 아는 시선을 많이 받는데 전혀 아니다. 그들은 내가 포기하고 있는 나머지 많은 부분을 못 보고 몰라서다.

네 아이를 25년간 양육하면서 느낀 점 한 가지는, 엄마가 아이들 옆에 있어야 하는 때는 아직 끝이 나지 않았다, 이다. 함께 있는 시간은 점점 줄겠지만 함께 의논하고 싶어 하는 일은 점점 늘어간다. 클수록 아이들은 부모의 지지와 응원, 대화와 격려를 더 강하게 원한다.

어렸을 때부터 차근차근 훌륭하게 준비해왔다고 해서 준비한 대로 준비된 대로 살아지고 풀리는 것이 인생인가. 결정해야 할 건 너무나 많고 선택에 따라 포기해야 하는 것도 많기에 무엇을 어떻게 해야 할지 혼란스럽고 자신 없는 게 성년이 된 자식들의 고민이다.

무엇을 먹을까, 무엇을 입을까, 무엇을 공부할까, 무엇을 준비할까 하는 고민을 거쳐 어떻게 살아야 할지를 고민하게 된 이들에게 부모는 모든 것을 물어보고 싶고 털어놓고 싶은 상대이다. 내가 보기엔 그랬다. 그들에게 부모는 어느 때보다 더욱 필요했다.

누군가가 왜 그렇게 아이들 옆에 붙어있었냐고 묻는다면 어린 시절 겪었던 엄마의 부재로 인한 큰 상실감이 시작이라고 말할 것이다. 내 아이들에게 같은 것을 겪게 하고 싶지 않았다. 그리고 아이들 곁이 좋았다. 아이들이 너무 예쁘고 귀해서 남의 손에 맡기고 싶지 않았고, 아이들을 돌보는 행복, 아이들이 내게 주는 행복, 우리가 함께 나눴던 행복을 다른 이에게 빼앗기고 싶지 않았다.

내가 아깝지 않았다. 다른 걸 하고 싶은 생각이 별로 안 들었다. 흘러가는 시간이 아깝지 않았고, 더 빛나는 무언가가 되고 싶지도 않았다. 시켜준다고 해도 해낼 자신도 없었고 하고 싶지도 않았다. 그냥 아이들 옆에 있고 싶었다.

누가 밖에서 나를 부르면 화가 났다. 짜증이 났다. 별별 이유를 다 갖다 대며 밖으로 나가기를 거절했고 아이들 곁을 지켰다. 내 옆에서 자란 아이들이 그때 엄마가 너무 옆에 있어서 힘들었어요, 나는 아이를 그렇게 안 키울 거예요, 한다 해도 어쩔 수 없다.

강의나 세미나를 맡게 되면 주최 측에서 프로필을 요구한다. 프로필을 꽉 채워서 내보일 수 있다면 좋겠지만 나는 현장을 지키느라 아무것도 못 했다. 어쩌다 크리스천 자녀양육 전문가로 한 번씩 소환될 때마다 전공도 아니고 학위도 없고 자격증도 없고 연구소도 없고 끊임없이 이어진 경력도 없이 그야말로 밥하다가 뛰어나온 아줌마티가 역력하다.

그리하여 인터넷에 올라있는 동영상에는 매우 준비성이 떨어지는, 현장을 그대로 반영하는, 아직도 프로가 되지 못한 아마추어티가 꽉꽉 나는 내가 여러 모양으로 올라가 있다.

그래도 사모님은 책을 일곱 권이나 내셨잖아요, 자기 이름을 잃지 않고 사셨잖아요, 자기 일이 있었잖아요, 한다면 할 말은 없다. 이 시대에도 여자로 사는 것이 얼마나 녹록지 않은지 잘 알고 있다. 오죽했으면 나의 이 단순한 경력도 부러움의 대상이 되겠는가. 그러나 그것은 내 이름을 세상에 내겠다는 강렬한 의지와 노력에서 나온 게 전혀 아니었다.

어설픈 책이 사랑을 많이 받은 것도 내 소망이나 기대가 아니었다. 나의 생각을 정리하는 가장 적합한 방법이 글쓰기였고 기억과 감정이 흐려지지 않고 살아있는 덕분에 이후에도 책들이 나올 수 있었다. 글쓰기를 통하여 나 자신을 더욱 알게 되며 하나님을 더욱 알게 되는 은혜를 누린 건 꾸준히 글을 써서 얻은 가장 큰 특혜였다. 누군가에게 부러움을 받는다면 이 부분이면 좋겠다.

이렇게 글쓰기가 이어지는 삶이었지만 아이들을 위한 나의 현장을 앞서지는 못했다. 언제나 제일 나중에 순서가 돌아갔다. 그래서 띄엄띄엄 책이 나오고 그사이에 나는 독자들에게 잊혀지다가 다시 떠오르다가를 반복했을 것이다. 잊힌다 해도 어쩔 수가 없다. 나의 글은 영원한 것이 아니기 때문이다. 영원의 가치를 품은 건 아이들이었다. 그렇게 나는 내 시간을, 지난 25년을 정금 같은 내 아이들에게 다 쏟아부었다.

한창 아이들을 키울 때는 이렇게 시간을 보내고 나면 나중에는 껍질만 남아 아무 데도 쓸모없는 존재가 되어있을 줄 알았다. 나만을 위한 뭔가를 해볼 수 있을까? 과연 그런 때가 올까? 아이들을 다 키우고 나면 나는 무능해지고 기회는 다 지나가 버려 아무것도 못 할 것 같았다.

그런데 내 예상은 틀렸다. 아직도 시간은 충분하다. 없다면 용기가 없는 것이지 기회가 없는 건 아니다. 그사이 소심했던 나는 많이 노련해졌고 대담해졌다. 아이 넷을 기르는 시간을 지나고 나니 진짜 똑똑해졌다. 걸어낼 건 다 걸어내고 나니 인생을 바라보는 눈도 심플하다. 예전처럼 복잡하지 않다. 그동안 아이들에게 다 쏟아부었다고 생각했는데 이제 와서 보니 나도 힘을 계속 얻고 있었다.

나는 지금 두려움 없이 생을 마주하고 있다. 거친 파도도, 높은 파도도 더 깊은 곳으로 들어가 생의 바다를 유영하는 나를 방해할 수 없다. 내 앞에 놓인 생을 다루는 실력은 모두 시간을 허비하면서 얻은 것이다. 경력이 단절되고 자신을 잃어가면서 생긴 것이다. 아무 의미도 없는 것 같았던 그 시간들, 아이들과 함께하는 매일의 시간들, 지루하고 비효율적이고 비능률적이며 소비되는 것만 같고 닳아서 사라지는 것만 같아 보이는 그 시간이 쌓여서 지금의 내가 있다.

한 알의 밀알이 썩어야, 썩어야 싹이 난다. 뿌려져야 거두게 된다. 죽어야 산다. 나는 지금의 나를 사랑한다. 지금의 내가 좋다. 아이들을 위해서 밥하고 청소하고 빨래하고 아이들 뒤를 따라다니고 데리고 다니고 운전해서 다니고 함께 다니고 그들이 내가 되고 내가 그들이 되는 시간을 살면서 나 또한 하나님께서 버려두지 않으시고 키워주셨다.

거름으로 살면서, 꽃이 되고 열매가 될 아이들을 생각하며 기꺼이 거름이 되고자 한 나를 하나님은 사랑하셔서 나도 꽃이 되고 열매가 되게 하셨다. 하나님은 내 아이들도 귀하게 키우시지만 나도 하나님의 귀한 딸이라는 것을 매 순간 가르쳐 주셨다.

나를 버렸을 때 하나님은 나를 찾으셨고, 나를 지웠을 때 하나님은 내 이름을 부르셨고, 나를 하찮게 여겼을 때 하나님은 나를 소중하게 존귀하게 여기고 사랑하셨다. 그리고 정성껏 키워주셨다. 나답게 자라게 해주셨다.

사랑하면서 사랑을 배우고
사랑하면서 자신을 더욱 알아가고
사랑하면서 서로를 더욱 알아가서
더 사랑하고 늘 사랑하기를.
그래서 나는 그렇게 수고를 다하여
아들들을 키웠던가 보다.
사랑하게 하려고.
사랑하면서 살게 하려고.

얼마나 아름다운 수고인가.
얼마나 보람된 희생인가.
지나간 내 청춘이, 흘러간 내 시간이
하나도 아깝지 않다.

Part
3

소년의 방

너의 이름은 타인

난 아들이 둘이다. 네 살 터울로 이 세상에 태어나면서 내 고질병인 고립감을 없애준 천사들이다. 옆에 있는 것만으로도 든든한데 다정하게 내 손을 잡아주는 고마운 이들이다.

지나온 세월 동안 함께 추억을 쌓았기에 돌아가고 싶은 때를 떠올리고 다시 가보고 싶은 곳을 떠올리면 우리의 이야기는 끝도 없다. 웃음 코드도, 감동 포인트도 서로 닮아서 좋아하는 영화도, 보고 싶은 뮤지컬도 비슷하다.

우리는 한때 문을 열어놓고 화장실을 썼고 서로의 눈물 콧물을 닦아주던 사이였다. 이들과 가장 많이 밥을 먹었고 예배를 드렸다. 그 옆에서 가장 많이 책을 읽고 글을 썼다.

이들에게 찬양과 기도를 가르쳐준 최초의 선생이 나였고,

하나님나라와 교회와 복음을 가르쳐준 선생도 나였다. 자연인 최에스더와 하나님 앞에서의 나를 가장 가깝게 본 이들이다. 그래서인지 아들들은 나에 대해 전문가다. 내 기분과 감정을 빠르게 간파하여 애써 아닌 척하는 나를 지나치지 않고 조심스럽게 물어온다.

엄마, 왜 그래요?
엄마, 무슨 일 있어요?

어린 아들의 목소리에 묻어있는 근심을 지워주려고 나는 다시 웃는다. 아들들에게 내 이야기를 들려줬던 것처럼 아들들도 내게 이야기를 들려준다. 도전하고 성취하는 순간, 즐겁고 재밌는 순간, 어렵고 힘든 순간과 슬프고 낙심한 순간들을 감추려 하지 않는다.

나를 행복하게 하는 아들들이지만 키우면서 뼈저리게 깨닫는 건 내 아들들도 타인이라는 사실이다. 처음에는 이 아이들이 내 제2의 자아인 줄 알았다. 아니, 오히려 나 자신보다 더 실재적인 자아 같았다. 세상에서 이런 상대를 만난 건 처음이었다. 내가 그동안 누구를 사랑한다고 했던가. 이전에 내가 했던 사랑은 모두 허상인 것 같았다. 이 아이들이 비로소 내게 사랑이 무엇인지 알려주었다.

이 아이들이 아프면

내가 아픈 것보다 더

이 아이들이 슬프면

내가 당한 것보다 더

이 아이들이 기쁘면

내가 얻은 것보다 더

나 자신으로 사는 것을 버리고 아이들의 자아로 들어가 그들의 인생을 함께 살았다. 아이들이 아직 어리고 미숙하니 내가 알아서 잘해야 했다. 그들을 가장 잘 아는 건 나니까. 그들을 위한 결정을 가장 잘 내려줄 수 있는 사람이 나니까. 매일 고민하고 계획을 짜고 실천에 옮겼다.

아이들은 내 안내를 잘 따라오기만 하면 되었다. 결연한 다짐에 찬 엄마를 아이들은 잘 따라왔다. 그런데 아이들이 클수록 난감한 일이 벌어졌다. 내게 보이는 친절함과 다정함과는 달리 자신의 결정을 고집하기 시작했다.

우격다짐으로 끌고 갈 수 있는 나이도 아니었다. 인생에서 아주 중요한 시기가 왔으므로 이 순간만큼은 내 조언과 안내를 따라와 줬으면 좋겠는데 이전까지 보이던 순종과 달리 자기 생각을 굽히지 않았다.

이렇게 설득하고 저렇게 설명하면 진지하게 들으며 맞다고,

그런 것 같다고, 그렇게 하는 게 좋겠다고 말한다. 거의 다 넘어온 것 같아서 마음을 놓으며, 그래도 엄마가 정한 게 아니라 본인이 결정한 것임을 확실히 하고 싶어서 결정을 해보라고 하면 아이는 고민, 고민하다가 결국은 처음 자기 생각대로 결정했다. 이런 일을 연거푸 겪으면서 곰곰이 생각했다.

이유가 뭘까.
내 이야기를 들을 때 즉 내가 설득할 때
아들들은 내 의견을 귀담아들었고 깊게 공감했고
엄마 말씀이 옳다고, 나도 그렇게 생각한다고
그렇게 말한 것이 빈말은 아닌 것 같았는데,
진심인 것 같은데 왜 결국은
자기들의 처음 생각대로 하는 걸까.

그들의 결정은 대체로 비슷했다. 바로 앞에 장애물들이 뻔히 보였고 지름길을 놔두고 먼 길을 빙빙 돌아가는 것과 후회하게 될 것도 보였다. 그들이 못 보고 있을 뿐이었다.

내가 했던 시행착오를 그들이 하지 않기를 바랐다. 어리석은 지난날의 실수로 내가 잃어버린 시간, 놓쳤던 꿈, 허비했던 열정, 길기만 했던 방황은 내 인생 하나로 충분하기에 아이들은 그러지 않기를 바랐다. 내게는 일러주는 사람도 친절한 안내자도 없었다. 그래서 그럴 만했다고 치고, 이 아이들은 왜 내 안내를 받지 않는 걸까.

왜 돌아가려 하고
왜 놓치려고 하고
왜 후회하려 하는 것일까.

바로 그때, 마치 하나님의 음성처럼 내 마음에 들리는 말이 있었다.

에스더야, 그것이 인생이다.
네가 지금 아이들에게 주고자 하는 걸
인생이라고 할 수 있겠니?
인생에는 실수도 후회도 눈물도 있는 법이다.
나는 그것을 통해 이 아이들을
내게로 이끌 것이다.

내 안에 자아라는 게 있었던가. 무와 같던 진공상태를 채워준 아이들. 그들의 자아가 어느덧 내 것이 되어 다시 사는 것 같았고, 내게 생의 기쁨을 주는 특별한 존재임에도 그들은 타인이었다. 타인이어서 그들은 그들 생각대로 간 거였다.

어미의 생각을 존중하고 사랑하지만 자기 인생은 아니지 않은가. 나는 내 자아가 어디에 있어야 하는지도 모르고 헤맸지만 아들들은 자신의 자아를 누구에게도 빼앗기지 않고 지키고 있었다. 그들은 나보다 지혜롭고 똑똑하여 자기 인생의 주인공이 되어있었다. 나만 몰랐다. 이런 얼빠진 엄마를 하나님이 달래주셨다.

개들이 타인이어서 그렇단다.

이 타인이라는 명사가 얼마나 실감 나게 다가왔는지 모른다. 갑자기 뚜렷하게 보였다. 그들이 타인이라는 사실이. 내 아들들이, 세상에서 둘째라면 서러운 효자 아들들이 타인이라는 사실이.

그래서 그랬구나.
그래서 내가 그렇게 애가 탔던 거구나.
타인의 인생을 내 맘과 생각과 뜻대로
움직이려니 그렇게 힘들었구나.

내 인생도 내 맘대로 되지 않는데 타인의 인생을 조종하려 하니 피차 얼마나 부대꼈을까. 내가 하는 게 아닌 것처럼 포장했으나 내용은 정확했다. 다 내 계획대로였다. 그들의 인생이 그들의 인생이 되도록, 그들의 인생이 하나님과 손잡도록 도와주고 본을 보였어야 했는데 내가 두 손에 쥐고 흔들려 했다. 미안하고 부끄러웠다.

자식을 타인으로 보는 것. 처음 잠깐은 살점이 떨어져 나가는 것처럼 쓰리고 가슴 한복판이 내려앉는 것처럼 아팠지만 곧 생각지도 못한 새로운 기쁨이 찾아왔다. 타인을 사랑하는 기쁨이 내 안에 찾아왔다.

사랑하는 타인.
끝없이 사랑하는 타인.
이들을 위해 나는
오래 참고 싶고
온유하고 싶고
무례히 행하고 싶지 않고
나의 유익을 구하고 싶지 않고
모든 것을 참고 싶고
모든 것을 믿고 싶고
모든 것을 바라고 싶고
모든 것을 견디고 싶었다.

이들을 어떻게 사랑해야 할지 길이 보이기 시작했다. 지름길을 벗어나도 쫓아가서 발을 동동 구르지 않는다. 이 길에서 뭔가를 배우겠지, 지금 하는 실수에서 뭔가를 배우고 더 성숙한 사람이 되겠지, 생각한다.

물론 항상 잘되는 건 아니다. 충동적인 결정을 하는 것 같을 때 마음이 복잡해지기도 한다. 그래도 일단은 존중한다. 나도 그 나이에 그렇게 많이 알지 못했다. 그 나이에 할 수 있는 좌충우돌을 받아들이자.

다른 길이 있다고 이야기는 해준다. 좀 지나 보면 내가 했던 이야기를 기억하고 있었다. 그래서 같은 실수를 반복했을 때 내 조언을 떠올리고 순순히 마음을 정리하기도 했다. 그래, 다음에는 이러지 말자, 다짐하는 것 같았다. 얼마나 귀한가. 잘 배우고 지나간다는 것이.

꼭 지켜야 할 건 단호하게 말한다. 아들들은 진지하게 받아들이며 꼭 그렇게 하겠노라 약속한다. 약속을 지킬 수 있을까. 글쎄, 그것은 내 몫이 아니다. 아이들 몫이다. 그리고 하나님 몫이다. 그럼 부모는 뭘까. 뭘 하는 사람일까.

나는 아이들에게 선한 사마리아인, 선한 이웃이 되고 싶다. 이들이 세상에서 살면서 강도 만난 것 같은 기분이 들 때, 찾아와서 지친 몸을 누이고 따뜻한 음식을 먹고, 맘 놓고 곯아

떨어져 몇 날 며칠을 쉬면서 상한 마음을 달랠 수 있는 여관집 주인이 되고 싶다.

이들이 처음 가보는 길에 들어서서 두려움에 망설이고 있을 때 오 리든, 십 리든 함께 걸어가 주는 이웃, 세상에서 불어오는 냉기에 자기 몸을 감싸줄 겉옷을 찾을 때 기모 달린 속옷까지 챙겨주는 이웃이 되고 싶다. 같이 웃고 같이 우는, 세상에서 가장 가까운 이웃이 되고 싶다.

이게 다인 것 같다. 내가 할 수 있는 건 사랑하는 것이다. 이 세상에서 나만 줄 수 있는 사랑을 아이들에게 다 주고 싶다.

나는 딸도 둘이다. 한창 사춘기를 보내고 있는 소녀들이다. 아들들 덕에 잘 배워서 나는 딸들의 자아를 침범하지 않고 존중하기 위해 노력하고 있다. 그들의 취미와 취향이 나와 같지 않아 깜짝 놀라다가도 곧 생각을 고쳐먹는다.

그래, 이들은 내가 아니다.
나처럼 생각하고 결정하는 건 나지,
이 아이들이 아니다.
이들이 자신을 찾고 받아들이고 사랑하도록
돕는 것이 내가 할 일이다.

그들은 자기가 얼마나 귀한 존재인지 아직 잘 모른다. 그래서 엄마의 시선과 이해와 지지와 사랑이 필요하다. 그렇다고 먼저 나서지 않는다. 모든 일에 때가 있다. 천금 같은 딸들에게 실수하지 않도록 먼저 배우고 와서 얼마나 다행인지 모른다. 얼마나 감사한지 모른다.

아이들과 함께한 나의 성장기

대학생이 되도록 나의 외출 시간은 해가 떠있는 동안이었다. 해가 저물어 가면 귀가를 서둘러야 했다. 강의를 다 마치고 동아리 모임도 끝내고 마음 맞는 친구들끼리 삼삼오오 모여 진짜로 놀아보려고 할 때 나는 이미 버스를 타고 있었다. 친구들은 서둘러 집에 가려는 나를 이해 못 한다는 표정으로 봤지만 내게 타협은 없었다. 그 나이가 되도록 엄마에게 그렇게 길들여진 탓이었다.

해가 진 세상에는 나쁜 사람들만 돌아다니는 줄 알고 컸다. 어둑어둑해지면 심부름도 하지 않았다. 대문 앞에서 놀다가도 집으로 들어가야 했다. 내가 조금이라도 잘못될까 두려워하는 엄마의 걱정은 해가 떨어짐과 동시에 시작되었다. 엄마는 해가 있는 동안에는 내가 어디에서 누구와 무엇을 하는지 관심이 없었다. 거의 방치되다시피 자랐다.

초등학교 때 피아노를 배우러 혼자 버스를 40분 정도 타고 가서 신호등도 없는 건널목을 두 번이나 건너 바닷가 횟집들이 장사를 시작하려고 느지막이 문을 여는 길목을 길게 지나 피아노 선생님이 사는 아파트를 오갔다. 지금 이 얘기를 하면 엄마는 매우 놀란다. 내가 그런 곳에 너를 피아노 배우라고 혼자 보냈다고? 하면서.

엄마의 이런 허술한 구석마저 없었다면 정말 숨이 막혔으리라. 그러나 엄마가 풀어주는 방면은 나로서는 엄마의 손길이 필요했고 엄마가 꼭 쥐고 벌벌 떠는 방면에서는 엄마의 두려움의 강도가 너무 세서 나는 기가 질렸다.

어떤 경로로 엄마의 내면에 그런 걱정 DNA가 심겼는지 모르지만 엄마는 내가 하려는 모든 시도에 반대했다. 그저 집 안에 가만히 있기를 원했다. 어려서는 나를 사랑하고 보호하려는 마음이라고 받아들여 스스로 알아서 많은 걸 포기했다. 그리고 결혼을 했다. 엄마는 나에 대한 모든 걱정, 즉 관심을 끊고 걱정 덩어리 딸을 드디어 치웠다.

엄마가 되어 이 지긋지긋한 걱정 DNA가 내 깊숙이 자리 잡고 있음을 알았다. 아이가 내 눈앞에 있어야 안심이 되었다.

집안에서만 키우기에 역부족인 에너지 덩어리 사내아이 둘을 키우면서 아이들만 밖에 내보내기가 두려워 늘 따라다녔다.

큰아들이 여덟 살이 되자 혼자 뛰어나가 놀고 싶어 했다. 네 살 아래 동생과 온 동네를 누비고 다니며 온종일 놀다 들어왔다. 엘리베이터를 둘이서만 타게 하는 데도 내게는 대단한 결심이 필요했다. 중간에 몇 층에 서는지, 잘 내려서 가는지 뒤에서 늘 확인했다. 나 귀찮다고 아이들을 집안에만 있게 하는 건 내 엄마가 했던 일이 아닌가. 난 엄마처럼 되고 싶지 않았다.

나를 걱정하는 마음이라기보다 본인이 불안한 게 싫어서 나를 말렸던 것임을 알게 되었다. 나는 다짐했다. 내 자식을 나 같은 겁쟁이로 키우지 않겠다고.

내게는 극기 훈련이었다. 이건 아이들을 존중하는 좋은 방법이야, 이 아이들이 하는 작은 시도, 작은 경험을 소중하게 생각하자, 라고 스스로를 계속 달래가며 아이들이 집으로 무사히 돌아올 때까지 버티고 버텼다. 중간에 오만가지 걱정이 달려들었다.

유괴되는 아이들, 사고 당하는 아이들이 왜 있겠나, 어디서 엉엉 울고 있으면 어떡하나, 별별 생각이 다 들어서 가슴이 쿵쾅쿵쾅 뛰었다. 그렇다고 놀이터에 내보내지 못하고 집안에만 있게 하거나 내가 따라 나가야 한다면 나 역시 아이들의 시도나 도전이 불안하여 말리는 엄마가 될 것 같았다.

그래서 참았다. 도저히 못 참겠으면 엎드려 기도했다. 눈물까지 나오는 날도 있었다. 내 아이에게 일어날 일을 막아주지 못해서 생길 수 있는 사건과 사고가 너무 생생하게 다가와서 자책과 후회가 산처럼 파도처럼 몰려오기까지 했다.

　이 무슨 정신병인가.

　이 엄마가 덜덜덜 떨면서 저들이 무사히 돌아오기를 기다리고 있었다는 걸 아이들이 알까.

　문밖에서 왁자지껄한 소리가 나면서 자전거를 끌고 들어오는 소리, 킥보드를 갖다 대는 소리가 나면 정말 눈 녹듯이 걱정이 사라지고 걱정만 한 반가움이 내 마음에 가득 찼다. 땀을 뻘뻘 흘리며 붉게 달아오른 얼굴에 젖은 머리카락을 젖히며 들어오는 어린 아들들은 넘어져서 손바닥이 까였단다. 바지에 구멍이 났단다. 비둘기를 쫓아다녔단다. 개미굴을 파버렸단다.

　아이들이 재잘대면서 옷을 벗는 동안 목욕탕에 더운물을 받으면서 눈물이 핑 돈다. 너무 반가워서. 너무 감사해서. 오늘도 무사히 집으로 돌아온 아이들이 너무 귀해서.

　아이들을 키운다는 건
　얼마나 속속들이 자아 훈련이었는지.

내 안에 자리 잡은 아니 내 피에 흐르는,
제발 내게서 사라지길 원하는
그 무언가와 끝없이 싸우는 시간이었다.

열두 살 큰아들이
버스 타고 처음 미술 학원에 갈 때,
일곱 살 작은아들이 옆 동으로
피아노를 배우러 갈 때,
주차하는 동안 발레교습소로 딸들을
먼저 올려 보내놓고 나는 변함없이 떨었다.
그러나 정신을 가다듬고 조금만 있으면
마음이 놓였다.

그렇게 아이들을 키웠다.
엄마 걱정에 아무것도 못 하던 나도,
걱정에 묶여 자라지 못하고 있었던 내 자아도
조금씩 아이들과 함께 자랐다.

미래를 알 수 없어 불안할 수밖에 없는 건
인간의 운명.

이 운명을 안고 사는 동안

죽을 때까지 걱정을 떨치지 못하겠지.

그러나 묶여 살지는 않겠다.

주의 지팡이와 막대기를 믿고 가겠다.

내 앞에 사망의 음침한 골짜기가 펼쳐진대도

어쩔 수 없다. 피할 도리가 없다.

그것도 받아들여야 걱정을 이기고

나와 아이들은

세상을 향해 나갈 수 있다.

홈스쿨의 백미

살다 보니 집을 줄여야 할 때도 있었다. 20년을 살며 교회를 섬기고 아이들을 키웠던 곳을 떠나 고향인 부산에 잠깐 짐을 풀 때였다. 가려진 미래를 향해 가면서 짐을 잔뜩 싸가고 싶지 않았다. 가져갈 물건과 그럴 수 없는 물건을 나누었다. 버리지 못할 물건을 만나면 한참 바라보았다. 어떻게 해서든 자리를 마련해주려 했고 아무리 생각해도 자리가 없으면 미련 없이 버렸다.

집은 수치상으로는 3분의 1로 줄었는데 느낌으로는 5분의 1도 넘게 줄어든 것 같았다. 머릿속에서 이 집을 수십 번도 넘게 오가며 짐을 넣었다 뺐다 했다. 그나마 다행인 건 막 수리를 끝낸 집이어서 깨끗하여 산뜻했고, 바다가 가까워 언제라도 나가 볼 수 있었다.

모든 것이 바뀐 상황에서 최소한의 살림살이로 최대한의 완충 역할을 하기 위해 아이들의 물건은 장난감 하나, 액세서리 하나도 곱게 챙겨왔다. 대신 남편은 책을, 나는 오랜 친구인 피아노를 포기했다. 가장 중요한 건 아이들의 안정과 행복이고 그게 곧 우리의 안정이요 행복이기 때문이었다.

홈스쿨 이야기를 또 하게 될 줄이야. 자랑도 아니고 흉도 아니어서 남에게 권하지도 않고 감추지도 않는다. 어쩌다 하게 된 나의 선택이 다른 사람에게 유일한 대안처럼 보이지 않도록 노력해왔다. 각자에겐 각자의 길이 있는 법이다.

홈스쿨을 시작할 때는 원대한 꿈과 계획이 있었다. 그러나 늘 그렇듯 뜻대로 되는 건 별로 없기에 우리 집 홈스쿨도 거창했던 시작에 비해 갈수록 매일 밤 고민이 쌓였고, 매 학기 매 학년 그만두고 싶은 생각이 굴뚝같았다.

홈스쿨을 시작한 이듬해에 남편이 담임목사가 되며 모든 게 바뀌었다. 그때는 지금 같지 않아서 최소한의 충격, 최대한의 완충, 뭐 이런 생각을 할 줄 몰랐다. 포기와 재선택도 몰랐다. 그저 내게 주어지는 걸 다 잘해야 한다는 비장한 각오만 있었다.

사명과 사역 앞에서 홈스쿨은 자주 뒤로 밀려났다. 당연한 거로 생각했지만 항상 마음이 무거웠고, 시간이 나는 대로 어린아이들을 내 속력으로 끌고 가자니 다그치고 닦달하기 일쑤였고 엄포와 불호령이 자주 동반되었다. 시행착오의 연속이었다.

선생님이라면 아이들의 수준을 이해하고 정도를 받아들여 친절하고 노련하게 반복하며 아이들의 이해를 도왔을 텐데 난 그러질 못했다. 이렇게 엉망이 될 줄 알았으면 절대 홈스쿨을 시작하지 않았을 것이다.

남편이 사임하고 교회를 떠나오면서 잠깐의 피난처로 구했던 이 집에서 하나님은 내 마음의 큰 짐을 덜어주셨다. 지난 15년 동안 줄기차게 시달린, 아이들을 제대로 도와주지 못했다는 죄책감을 해결할 시간이 주어졌다. 교회에 대한 의무와 책임에서 벗어난 만큼 아이들을 위한 시간이 확보되었다.

학교에 진학할 준비를 하는 딸들과 고졸 검정고시를 준비해야 하는 둘째 아들을 위해 나 자신과 시간을 마음껏 쓸 수 있었다. 어느덧 홈스쿨의 마지막이 다가오는데 이제까지 엉망진창인 채로 휩쓸려 온 시간을 하나하나 정리하고 대단원의 막을 정성을 다해 내 손으로 내릴 수 있으니 얼마나 감사한지 몰랐다. 하나님은 내 한숨 소리를 듣고 계셨음이 분명했다.

가장 급한 둘째의 고졸 검정고시 준비를 최선을 다해서 도왔다. 마음껏 시간을 들이고 정성을 들였다. 아이는 잔잔한 음악을 들릴 듯 말 듯 틀어놓고 따뜻한 차를 준비해서 수시로 마셔가며 공부했다.

처음 공부한 과목은 영어였다. 언제 또 가르치겠냐 싶은 생각이 들었다. 이 아이와 공부하는 것은 정말 마지막이라는 생각에 정성을 다해 가르쳤다. 늘 들쭉날쭉한 시간표여서 모든 과목에 구멍이 많은 것이 우리 집 홈스쿨의 단면이었는데, 이를 메꾸느라 중학교 단계로 갔다 와야 할 때도 있었다.

이런 현실에 자존심 상해하거나 짜증 내지 않고 성실히 따라오는 아이를 보며 지난날들이 아깝기도 하고 아이에게 미안하기도 했다. 이제라도 이런 시간이 온 게 감사했다.

몇 권의 책을 다 봐야 했던 긴 영어 공부를 어느 정도 끝내고 국어 공부를 시작했다. 영어만 들여다보다가 우리말로 된 국어책을 보니 얼마나 부담이 없든지. 쉽고도 정다운 우리말로 된 우리 글을 공부하니 사소한 설명 하나까지도 새롭게 다가왔다.

나는 학창 시절에 국어가 약한 편이었다. 문학작품 자체에만 재미를 느껴서 학습적 설명과 분석을 굉장히 지루해했다. 그러니 성적이 좋을 리가 없었다. 아들까지 그래선 안 되었기에 한 글자도 빠지지 않고 같이 읽으며 내가 1,2초 먼저 이해하여 설명해주고 암기하도록 최선을 다했다. 그러니 대부분 문제를 막힘없이 술술 풀어나갔다. 얼마나 기쁘고 보람이 있는지, 공부에 푹 빠져있다 보면 해가 뉘엿뉘엿 지고 멀리 하늘 끝자락엔 노을이 물들어 있었다.

홈스쿨의 백미는 이 집에서 찾아왔다. 국어책에 실린 시를 공부하면서 우리 시의 아름다운 표현과 숨은 뜻을 찾으며 나도 같이 시에 빠져들었고 아들은 감탄하며 시를 읽고 또 읽었다.

늦가을, 밤은 깊어가는데
달은 차갑게 떠있고 달빛은 바다 물결 위에서
조용히 흔들렸을 것인데
겸손하고 착한 아들이 그 작은 집에서
김소월과 윤동주와 이육사의 시를
낮은 음성으로 천천히 낭송하는 걸 들었을 때
얼마나 행복했는지
지난날의 보상을 다 받은 것 같았다.
홈스쿨을 포기했다면 맛보지 못했을 행복이다.
학교 문을 닫기 직전에
하나님이 내게 수고했다, 하시는 것 같았다.
오랜 죄책감과 실수와 어리석음을
내 손으로 다독일 수 있었다.

행복했던 작은 집에서는 겨우 6개월을 살았다. 다시 짐을 챙겨 교회 개척을 배우기 위해 서울로 이사했다가 지금은 부산에 정착해 교회 개척을 준비 중이다. 보관 중이던 남편의 책은 수해를 당해 한 상자는 너덜너덜해졌다. 버릴 수 없는 책들이었는데 이런 참사를 당했다.

나는 가끔 책은 그만 보고 싶을 때, 나만의 노래를 부르고 싶을 때, 베토벤의 선율을 짚어보고 싶을 때 집에 피아노가 없다는 사실에 한숨을 쉰다. 그래도 괜찮다. 아이들이 안정과 행복을 찾았고, 우리는 사랑하고 있으니까.

그들의 길

우리 집 홈스쿨이 막을 내렸다. 나는 자격증도 없는 선생 노릇을 그만해도 되고 밥만 해주면 되는 엄마로 돌아왔다. 나의 홈스쿨은 처음의 계획과는 전혀 다른 방향으로 전개된, 누군가의 표현대로 홈스테이 기능이 훨씬 많았다.

잘 가르쳐주고 싶었다. 아이의 재능을 찾아주고, 기본적으로 갖추어야 할 지식을 잘 쌓아주고 싶었다. 다양한 경험을 하게 해주며 즐겁고 행복한 어린 시절에 한때 유행했던 말처럼 산 교육을 제공하고 싶었다. 하지만 그러지 못했다.

흔히 말하는 기본 지식을 갖게 하는 데만 턱없이 많은 에너지가 들었고 그것만 하고 났는데도 난 나가떨어졌다. 내가 엔진이 되고 차체가 되고 운전사가 되어야 하면서 동시에 활활

불타오르는 기름이면서 언제라도 주유가 가능한 주유소이기도 해야 했던 홈스쿨, 남들이 보기에는 어땠는지 모르지만 정말 힘들고 벅찼다. 말 그대로 시행착오만 계속되던 홈스쿨이 끝나고 아이들은 각자 또래 아이들이 있는 곳에 합류하고 있다. 그 이야기를 해보려고 한다.

아이들이 순서대로 또래 사회 속으로 들어가던 시작점의 이야기이다. 큰아들과 둘째는 대학교, 셋째는 고등학교, 막내는 중학교가 그 시작이었다. 나는 언제나 아이들에 대한 환상과 기대에 차있는 엄마여서 나름 자신만만했다.

네가 제일 잘할 거다.

과연 그럴까, 하는 아이들의 표정을 보며 왜 의심하냐며, 의심하지 말고 자기 자신을 정확하게 볼 것을 독려했다. 준비시켜 준 게 거의 없다는 사실은 망각한 채.

아이들이 각자의 학교에 들어가서 최초로 느낀 것은 아는 것과 할 줄 아는 게 너무 없다는 거였다. 지금은 셋째까지 전공을 선택하고 전문교육을 받고 있는데, 주위를 둘러보니 다른 집 아이들은 이미 그 전공에 대한 준비를 탄탄하게 해왔고 앞으로의 준비도 착착 하는 중이다. 그런데 우리 아이들은 전공에 대한 호감 하나만으로 입학을 한 게 전부였다.

다른 아이들은 자격증이나 상장, 하다못해 오랜 기간의 수련 경력이라도 있는데 우리 아이들은 '하고 싶어서'라는 동기 하나 갖고 진학을 했다. 출발선이 달랐다. 앞서서 뛰는 친구들의 뒷모습을 보면서 따라가느라, 나는 재능이 없나? 내가 이렇게 못 따라가다니, 이런 혼란 속에서 출발했다. 이건 넷 모두의 공통점이었다.

아이들이 초반에 겪는 혼란을 보면서 부모의 한계를 넘어서는 것이 현실에서 참 어렵겠다는 생각이 들었다. 내게도 이런 경험들이 많기 때문이다. 나의 최선이 다른 이들의 차선도 못 따라가는 경험을 살면서 자주 했다.

고3 첫 등교일, 겨울방학 내내 공부도 공부지만 마음의 준비도 단단히 했던 나는 새벽부터 준비해서 생애 제일 이른 등교를 했다. 제일 먼저 교실에 들어가 제일 늦게까지 공부하리라는 다짐이었다. 학교는 과연 조용했다.

아직 아무도 안 왔군, 그러면 그렇지, 만면에 미소를 띠며 3층 교실로 올라가는데 신발장이 먼저 눈에 들어왔다. 꽉 차 있었다. 계단을 올라 유리창으로 보니 나 빼고 다 와서 조용히 공부하고 있었다. 제일 먼저 온 게 아니라 제일 늦게 온 것이었다. 그것도 첫날에. 열여덟 살이 되도록 그렇게 큰 충격을 받은 건 처음이었다.

복도에 한참을 서있었다. 교실에 앉아있는 반 아이들의 뒷모습을 보면서. 실력에서가 아니라 자세에서 벌써 졌다는 생각이 들었다. 얘들은 다 같이 약속을 했나? 나는 왜 마음먹는 것도 이들을 따라가지 못하는 걸까? 별생각이 다 들었다. 사실 이렇게 멀리 가서 예를 들 것도 없다.

몇 년 전 서울의 한 대형 교회에 잠시 머물 때 특별새벽기도회 기간이었다. 코로나19가 세상을 뒤엎기 전의 이야기다. 몇 부로 나눠서 드리는 예배를 이 기간에는 한 번으로 끝내니 자리 잡는 것이 정말 어려웠다. 마지막 금요일에 둘째가 같이 가고 싶어 해서 마음먹고 평소보다 훨씬 일찍 집을 나섰다. 평소 같으면 교회로 향하는 사람들이 줄줄이 보이는데 길에 아무도 없었다. 길을 걸으면서 이야기를 나누었다.

둘째는 어렸을 때 엄마 따라 새벽기도 가던 생각이 난다며, 그래서인지 이런 새벽에 사람 없는 길이 너무 좋다고, 특별한 느낌이 든다고 이야기해주었다. 낭만이 가득했다. 사람 없는 시간, 일어나느라 피곤했지만 이렇게 아들의 이야기를 들으며 같이 손을 잡고 교회로 가니 참 행복하다고 생각하며 걸었다.

교회 앞은 조용했다. 가벼운 발걸음으로 둘째랑 4층 대예배실로 가는데 가까워질수록 기분이 이상했다. 후끈 달아오른 열기와 찬양 소리는 이미 공간이 꽉 찼다는 걸 알려줬다.

길거리에 사람들이 없었던 건 안 나와서가 아니라 다 들어가서였다. 겨우겨우 자리를 잡고 둘째랑 서로 쳐다보며 얼마나 웃었는지 모른다. 우린 바보였다. 내가 이렇게 모자라다. 보통 사람의 마음 먹기를 절대 못 따라간다.

이런 내가 아이들의 교육을 책임지고 있었다니. 내가 이 정도면 됐다고 생각하는 수준은 늘 초보 중의 초보였고, 더없이 훌륭하다고 생각했던 수준은 보통 정도였다. 아이들은 엄마 말만 믿고 신이 났다가 또래들을 만나면 늘 기가 죽곤 했다. 다 엄마 탓이다. 그런데도 여전히 네가 제일 잘할 거라고 했으니 아이들 표정이 다들 그랬던 것이다.

이런 혼란스러운 현실과는 다르게 다른 아이들과 비교하여 좀 단단한 것이 있다면, 굳이 찾아보자면, 그래서 위로를 좀 삼아보자면 자기 전공에 대한 확신이 아닐까 생각한다. 끝을 내다보는 확신까지는 아니지만 적어도 현재 내가 매진하고 싶은 것이라는 확신은 분명했다.

이 길 끝에 뭐가 있을지 모르지만 나를 불태워 한번 가보고 싶다는 확신, 이 공부와 전혀 상관이 없는 길을 다시 가게 되더라도 후회 없이 지금의 이 길을 가보겠다는 확신을 높이 샀다.

그렇게 각자의 자리에서 땀을 흘리는 아이들이 솔직히 나는 부럽다. 나는 그 나이에 그러지 못했다. 번듯한 대학에서 번

듯한 학과를 전공하고 있었지만 모든 게 불안했다. 내가 정말 원하는 게 뭔지 알지도 못한 채 이리저리 휩쓸리고 있었다.

준비물이 완벽했지만 뭘 하고 싶은지, 뭘 해야 하는지도 몰랐던 게 나라면, 준비물은 거의 갖추지 못했지만 하고 싶은 게 뭔지 또렷하게 아는, 그래서 하나씩 하나씩 배우고 익히기만 하면 되는 내 아이들이 정말 부럽다. 어쩌면 이 확신이 가장 중요한 준비물은 아닐까.

십 대란, 그리고 이십 대란 얼마나 젊은 나이인가. 무언가를 배우기에 얼마나 좋은 나이인가. 이런 생각에 출발선에서 자신을 주변 친구들과 비교하여 위축된 아이들에게 괜찮다고, 조금만 적응하면 금방 너도 할 수 있을 거라고 격려해주었다.

한 가지 더 차별점을 찾아본다면 아이들이 가진 하나님 인식이다. 아이들은 가족 공동체의 일원으로서 부모의 파란만장을 같이 겪으며 가장 가까이에서 부모가 삶을 받아들이고 겪어내고 극복하는 것을 지켜보았다. 하나님의 도우심이 유일한 힘이었던 부모의 연약함을 보았고, 하나님의 인도하심이 유일한 계획이었던 부모의 무능력을 보았다.

우리의 약함이 그분의 강하심을 볼 수 있는 은혜임을 가르쳐주면서 함께 걸어왔다. 그래서인지 아이들은 또래보다 성숙했고 생각보다 강했다. 우리의 내면을 더욱 중요하게 여기시는 하나님, 삶의 결과보다 동기를 지켜보시는 그분에 대한 이야기를 들으면서 살아온 아이들이었다. 내면보다는 외면을, 동기보다는 결과를, 과정보다는 성취를 중요하게 생각하는 세상과는 정반대로 살아온 것이다.

하나님의 것은 선하고 아름다워서 세상을 이기는 힘이 있다. 경쟁에서 이기기 위해 수단과 방법을 가리지 않는 세상에서 이미 지친 친구들에게 기꺼이 양보하며 기꺼이 함께하는 우리 아이들의 존재는 신기할 수밖에 없다. 또래 사회의 법칙을 따르지 않고 자기식대로 결정하고 선택하는 모습은 분명 눈에 뜨일 것이다.

자기 색깔이 갈수록 뚜렷해지는 아이들을 나는 사랑한다. 그리고 그들의 양보와 배려를 칭찬한다. 어리석어 보일 수 있고 이용만 당할 수 있다는 걱정은 접는다. 뒤처서 걱정이라는 생각도 없다. 세상은 하나님이 다스리시기 때문이다. 하나님을 모르는 사람들이나 이런 걱정을 하는 것이다. 나는 걱정 안 한다.

우리 아이들의 미약한 시작을 나는 응원한다. 의도하지 않았지만 홈스쿨로 여기까지 왔고 이렇게밖에 준비시켜 주지 못했다. 더 치밀하고 능력 있는 부모를 만났더라면 아이들의 현재는 지금과 달랐을 수도 있다. 그러나 그들은 나를 만났다.

그래서 여기까지밖에 못 데리고 왔다.

미래를 향한 출발선 근처에 서있는 아이들을 보며 준비시켜 주지 못했던 것에 마음 아팠던 순간도 있었지만 조금 더 자세히 관찰하니 그럴 것이 없었다. 모든 것이 하나님의 이끄심이었고 그분의 섭리 안에 있는 인생이었다.

선택과 집중 너머에

아기가 태어나면 밤이고 낮이고 들여다보게 된다. 자는 것도 먹는 것도 예쁘고, 눈이라도 마주치며 방긋 웃어주면 세상을 다 얻은 것 같은 기쁨이 충만했다. 눈이 시큰거리도록 아기를 보면서 행복한 꿈을 꿨다.

소망의 여러 계단을 하루에도 몇 번씩 오르내렸다. 당장은 잠 잘 자는 아기이기를, 건강하게 자라기를, 착하고 밝은 아이가 되기를, 영리하고 똑똑한 아이가 되기를, 세상이 다 아는 사람이 되기를, 책을 좋아하는 학자가 되기를, 자연을 탐구하는 과학자가 되기를, 생명을 살리는 의사가 되기를, 예수님을 사랑하는 신학자가 되기를, 선교사가 되기를, 목사가 되기를… 이렇게 오르다가 끝에는 음악가가 되면 얼마나 좋을까,

로 내 소망은 날아올랐다.

자식을 넷이나 키우는데 이 중 적어도 한 명은 음악가가 되지 않을까, 아니 반드시 그렇게 될 거라고 굳게 믿으며 양육했다. 위대한 음악가는 아니어도 적어도 음대생까지는 되길 바랐다.

악기를 어깨에 메고 나서는 젊은 아가씨가 세상에서 제일 부러운 나로서는 자식 한 명 정도는 그렇게 되길 바라는 게 큰 욕심 같지도 않았다. 그러나 내가 얼마나 선무당인지 잘 몰랐고 선무당은 반드시 사람을 잡는다는 것도 잘 몰랐으니 내 꿈은 현재 실현 0퍼센트이며 손자 대에나 이뤄질까, 실낱같은 희망만 남아있다.

음악의 즐거움을 먼저 가르쳐주지도 않은 채 전근대적 방식으로 악기 연습으로 직행했으니 붕붕 날아다니는 남자아이들이 얼마나 지루하고 좀이 쑤셨겠는가.

어린이가 처음 배우는 악기 연주에 천재성을 보일 확률도 희박하지만 재능이 0퍼센트일 확률도 동일하게 희박할 것이다. 조금 있는 몇 퍼센트의 재능에 내 꿈을 걸고 아이를 끌고 갔다. 그러나 엄마의 만족을 채우기란 세상에서 가장 어려운 법. 지치고 재미없는 악기 연습이 끝나면 아이들은 기다렸다는 듯이 그림의 세계로 들어갔다.

고요하고 적막한 세계 속에서 가고 싶은 곳, 하고 싶은 것, 보고 싶은 것을 다 끌어다가 그려대면, 그림에 재능이 1도 없는 엄마는 마음속에서 우러나온, 영혼에서 끌어올린 진정한 감탄을 터뜨리며 아이의 그림을 칭찬했다. 음악 시간엔 으르렁거리던 엄마가 미술 시간에는 천진난만한 미소로 자신의 그림을 감탄하며 감상하는데, 당신이라면 음악을 하겠는가, 미술을 하겠는가.

　당연히 아들들은 모두 음악을 밀어내고 그림을 택했다. 이는 음악 교육에 무식한 데다 욕심만 컸던 내 탓이다. 내 의도와 정반대로 흘러가고 있다는 걸 뒤늦게 알고서는 딸들을 키울 때 마음을 고쳐먹었다. 아이의 재능에 대한 엄마의 흥분과 억지로 끌고 가는 꿈은 아이들에게 도움이 안 된다는 것을 알기에 좀 담담해지기로 결심했다.

　아이들의 타고난 재능과 그들의 꿈이 일맥상통하다면 앞길을 안내할 때 큰 어려움이 없을 것이다. 그러나 우리 아이들의 경우에는 내 탓도 크게 한몫했겠지만 일치하지 않았다. 당시 나는 아이의 재능을 살리느냐, 꿈을 키우느냐 두 가지 선택 앞에서 하나만 택해야 하는 줄 알았다.

　아무리 벗어나려고 해도 경쟁사회에서 자란 사람이어서, 타고난 재능이라도 제대로 살려야 아이의 인생이 조금은 유리하고 편할 거라는 지극히 세상적 사고방식에 젖어있었다. 지금 생각하면 꽉 막히고 답답하기 그지없어 보이는데, 그때는 내가 잘하고 있는 줄 알았다.

아이들의 꿈이란 대체로 허황해 보였다. 그럴 수밖에 없는 것이 아직 배움이 짧고 경험이 모자라기 때문이다. 부모의 눈에 가당찮아 보이는 것에 아이의 미래가 달렸다고 생각하면 꿈을 접고 재능을 살리라고 말하게 된다.

나는 안 그런 척하느라고 연극을 많이 했다. 속으로는 영락없는 속물이었지만 겉으로는 아이의 꿈을 존중하는 척하면서 아이의 생각을 바꾸려고 이리저리 말을 돌려가며 끝도 없이 설득하는 가면을 쓴 엄마였다.

왜 꼭 둘 중 하나를 선택해야 한다고 생각했을까. 재능도 꿈도 키워갈 수 있도록 마음의 여유를 길러주면 좋았을걸. 그렇게 하기에는 시간이 없고 에너지도 빼앗긴다고 내 속에서 뭔가가 나를 조급하게 몰아세웠다. 잘하는 것을 실컷 하게 하여 일정 수준에 도달해보는 건 그것이 미래의 직업과 전혀 상관없는 것이라 해도 아이에게는 귀한 경험이 된다는 걸 그때는 몰랐다.

성취도가 높아지면서 아이는 자신감도 쌓이고 즐거움도 컸을 것이다. 재능 있는 분야를 장래 직업으로 삼지 않으려 한다해도, 여기에서 받은 에너지를 꿈꾸고 있는 것에 쏟게 했으면 좋았을 것이다. 하고 싶은 것을 언제나 모두가 잘하는 건 아니니 서투른 시도, 잦은 실수, 답보 상태, 더딘 발전으로 지칠 때, 재능을 꽃피우면서 얻었던 힘을 끌어다 쓴다면 하고 싶은 것도 해낼 수 있지 않을까.

그때는 이런 비밀을 알지 못했다. 둘 중에 뭘 선택해야 현명한 것인지만 고민했다. 온통 경쟁 중인 세상에서 내 아이라도 재능과 꿈 사이를 그네 타듯 오가며 인생을 즐기도록 도와줄 지혜가 없었다.

선택과 집중. 이 패러다임에 속아서 보낸 지난 세월이 아깝다. 다른 사람의 평가와 찬사를 지나치게 의식하며 살아서 내 아이들에게도 은연중에 선택과 집중을 요구했던 것 같다. 선택과 집중은 나이 오십에 하니 안정적이고 딱 좋다.

아직 시간이 많은 그들에겐 선택하지 말고 집중하지 말고 오히려 도전하고 경험하라고 말하고 싶다. 열린 마음으로 다양한 경험을 하면서 자신을 알아가는 데 시간을 많이 쓰도록 도와주고 싶다.

인생에 꽃을 피우고 열매를 맺게 하실 하나님의 섭리를 알고 자신의 생을 기뻐하고 감사하면서 살아간다면, 어떤 꽃을 피우든 무슨 열매를 맺든 그리 중요하지 않을 것이다.

인생을 살다 보면 정답은 없다는 걸 알게 된다. 좋아하는 것도 자주 바뀌고 잘하는 것도 그냥 잘하는 것뿐이지 그 이상의 감흥을 계속 주는 것도 아니다. 한때 즐기고 지나가는 것 이상도 이하도 아닌 것에 큰 의미를 두어 그것으로 인생에, 나아가 세상에 획을 그어야 한다는 것도 지나친 성과주의 사고방식에서 나온 강박으로 보인다. 꿈이 자꾸 바뀌는 것도 꿈을 못 찾고 있는 것도 크게 우려할 일이 아니다.

연예기획사 오디션장에 가본 적이 있다. 얼마나 많은 여학생이 와있는지 모른다. 옛날 같으면 팬으로 만족했을 아이들이 지금은 자기가 가수가 돼보려고 오디션에 참가한다. 이들을 보면서 자신에 대한 객관적인 시각이 없는 게 안타깝기도 했지만, 다른 한편으로는 확실히 우리 세대보다는 도전하는 에너지가 넘치는 면이 부러웠다.

TV에 나오는 완벽한 치장의 가수와 거울 속의 나를 비교하여 나는 글렀다고 생각하는 게 우리였다면, 나도 소속사에 들어가서 관리를 받으면 저 정도는 할 수 있으니 기본기가 있는지 없는지 오디션을 받아보자고 생각하는 게 요즘 세대인 것 같다.

다들 길게 늘어선 줄이 줄어들어 건물 안으로 들어가기까지 종일 바깥에서 찬바람을 맞으며 앞뒤로 서있는 경쟁자들을 훔쳐도 보고 이런 데까지 따라온 나 같은 엄마를 한심하게도 쳐다보면서 자신의 순서를 묵묵히 기다렸다.

모두가 가수가 될 리는 없다. 그들 중 어떤 아이들은 현장에서 받은 이 기운과 감성을 생각 속에 차곡차곡 쌓아뒀다가 나중에 글을 쓰는 작가가 될지도 모른다.

막연히 품었던 꿈을 단 한 번도 펼쳐보지 못하고 오십이 넘어서까지 잠 안 오는 밤 기억의 끝을 잡고 이리저리 뒤척이는 게 우리라면, 이 세대는 치열한 오디션 현장에서 냉정한 평가를 받으면서 내가 왜 안 되는지, 왜 선택받지 못했는지 눈으로 보고 귀로 듣는다.

그렇게 자기 자신에게 눈을 뜨고 인생의 수많은 갈래길 중에서 하나씩 하나씩 접어갈 것이다. 그러면서 자기가 어떤 사람인지 알아간다. 그래서 이 세대의 황당무계한 도전이 무조건 시간 낭비라고 생각하지 않는다. 부모가 관심 있게 바라본다면 젊은이들의 도전은 언제나 가치 있고 아름답다. 외로운 도전일 수는 있겠지만 무의미하게만 남지는 않을 것이다.

나는 전형적인 기성세대다. 도전과 경험은 전무하고 모두 책에서 보고 배운 것으로 인생을 쌓아왔다. 이렇게 살아온 게 너무 아쉬워서 되도록 아이들은 경험하게 하고 싶어서 도전해보라고 등을 떠민다. 우리 밑에서 자란 아이들은 우리처럼 두려움도 많고 망설이고 주저하지만, 억지로 내디딘 도전의 발걸음이 돌아올 때는 기쁨과 흥분으로 가득 차있는 것을 본다. 그 얼굴을 보면 내가 간 것보다 더 기쁘다.

　이런 경험이 현재와 가까운 미래를 준비함에 직결되지 않아도 아이 내면 어딘가에 에너지로 축적됨은 틀림없다. 언제 어디에서 그걸 꺼내 쓸지는 주님과 그만 아는 것이다. 그의 인생이니까.

자기 결정력

지나고 보니 나는 아이들을 학교에 보내지 않은 것이 아니라 또래 집단에 보내지 않은 거였다. 아직도 우리 사회는 다름에 대한 수용 능력이 떨어지고, 그것은 어린아이들이라고 크게 다르지 않았다. 학교만 가지 않은 것뿐인데 어마어마한 핸디캡이 되었다.

아이들과 그의 부모들에게 학교는 성공, 곧 생존과 직결되는 절대적인 요소여서 그것을 포기한 나는 내 아이들의 성공을, 나아가 그들의 인생을 준비시켜 주지 않는 무책임한 엄마처럼 보이는 것 같았다. 목표가 분명한 그들에게는 이해 못 할 방해꾼밖에 되지 않는 듯했다. 나는 그들이 학교를 선택한 것에 아무 유감이 없는데도 말이다.

내게는 그들의 선택과 내 선택이 그리 달라 보이지 않았다. 조금만 있으면 아이들은 성년의 광장에서 어차피 만나게 된다. 그때까지 어떤 경험을 하고 어떤 사람들을 만나고 어떤 방법을 선택하여 준비할지는 온전히 본인과 그 부모의 결정에 달려있다. 다양할수록 좋지 않겠는가. 내가 온 길로 오지 않았다고 무조건 배척하는 건 매우 어리석다. 어떻게 한 길만 있겠는가.

큰아이는 대학을 졸업했다. 중간에 편입을 해서 두 대학을 경험했다. 그래서 내 학교라 할 만한 학교가 없다. 여기에 반, 저기에 반을 걸쳐놓았으니 그만큼 소속감도 절반으로 떨어졌을 것이다. 제대로 된, 즉 온전한 소속감을 느끼며 즐겁고 행복하게 학교에 다닌 건 대학 4학년, 한 해밖에 되지 않았다. 그래서 그 시간이 늘 아쉽고 좀 더 길게 누리지 못한 걸 안타까워했다.

대학에서 만난 친구들은 아이가 지닌 삶에 대한 적극성과 아직 남아있는 호기심, 이력처럼 갖고 있는 다양한 경험, 그리고 결정적인 차이점인 학창 시절의 전무함에 큰 관심과 호감을 보였다. 그 나이쯤 되니 다름에 대한 수용이 좀 가능한 것 같았다. 아, 얘처럼도 사는구나, 학교에 굳이 다니지 않아도 됐었구나, 나도 그랬으면 어땠을까, 얘가 살았던 방식이 부럽기도 하다 등의 반응을 보여주었다.

　많은 청년이 성년의 광장에서 다양한 사람을 만나며 그들만의 에너지로 자유를 불사르다가 자신의 인생을 책임져야 하는 독립의 시점이 점점 가까이 오면, 누가 일러주지 않아도 세상을 향해 뭔가 보여줘야 한다고 생각하는 것 같다. 정식으로 찾아온 이 시간을 더 이상 어린아이처럼 불안한 얼굴로 맞이할 수 없기에 무엇이든 손에 쥐고자 찾아 헤맨다.

　하나님께서 각자에게 주신 달란트를 찾아내는 건 쉬운 일이 아니다. 그것이 눈에 보이는 재능이나 실력, 대학 졸업장이나 전공과목인 것 같지만 그렇지 않은 경우가 더 많다.

　나만 해도 글쓰기가 내 달란트일 줄 정말 몰랐다. 일기를 쓰는 여학생이었지만 쓰다가 안 쓰면 한 달도 좋고 두 달도 좋았다. 독서도 좋아했지만 독서광은 아니었다. 소설을 좋아했지만 왠지 소설에 빠지는 것은 영화에 빠지는 것과 비슷하게 영성에 도움이 되지 않는다는 나름의 강박이 있어 밤새워 읽다가도 덮어버리고 허무에 빠지기 일쑤였다.

　지금이야 대학 다닐 때 영어 공부나 하고 도서관에서 책이나 실컷 읽을 걸 싶지만, 그때는 그렇게 살면 안 되는 줄 알았다. 이런 내가 글 쓰는 사람이 될 거라고 누가 알았겠는가.

　오히려 음악에 미련이 많았다. 손톱만 한 재능 때문이었다.

물론 좋아도 했지만 재능이 그만큼이라도 없었다면 깨끗하게 접었을 것이다. 전공자들의 연주를 보면 나도 할 수 있겠다는 생각이 떠나지 않았다. 그러나 이제는 인정한다. 재주는 갖출 수 있었을지 몰라도 무대를 극도로 두려워해서 결국 음악가의 길을 포기했을 것이다.

그리고 지금처럼 혼자 무형의 독자를 상대로 글을 쓰고 있을 것 같다. 무대가 없으면 존재 의미가 사라지는 음악을 했다면 무대를 포기하기까지 아주 괴로웠을 것이고 자신에게 크게 실망했을 것이다.

이런 나를 하나님은 아셨다. 내가 가장 잘할 일, 가장 편안하고 좋아하는 일을 하게 해주셨다. 순간의 예술이 나 같은 심약한 사람에게는 버거운 것임을 나는 몰랐지만 하나님은 아셨다. 무진장한 시간을 쟁여놓고 이렇게도 해봤다가 저렇게도 해보는 작가의 길이 내겐 제격이다. 지어내는 이야기에는 소질이 없으므로 내 생각을 펼치는 지금의 글쓰기로 정체성을 찾아가는 이 길이 가장 좋다.

남편도 나와 같은 전공을 했고 꿈도 확실한 사람이었지만 지금은 목양의 길을 걷고 있다. 그는 죄지은 인간을 샅샅이 잡아다가 감옥에 처넣는 게 꿈인 사람이었다. 냉정하고 타협이 없고 이성적이고 논리적인 그의 내면에 사람과 인생을 하나님의 눈으로 바라보며 같이 웃고 같이 울고 싶은 사랑이 흐르고 있었음은 그도 몰랐을 것이다. 죄인을 잡아 감옥에 집어넣는 사람에서 죄인을 부르러 오신 예수님의 사랑을 전하는 사람으로 하나님은 그의 인생을 꺾으셨다.

그 이후로 지금까지 25년 이상의 시간을 들여 그에게서 자기 자신이라고 생각했던 모습을 하나하나 떼어내고 진정한 그의 모습을 보게 하셨다. 그리고 스스로 가장 행복한, 가장 가슴 뛰는 일을 찾아 나서게 하셨다. 나이 오십이 되어서야 그에게 일어난 일이다.

그러니 이제 스물다섯 장남이 대학을 졸업했으니 갈 길은 딱 정해놓고 있어야 한다는 스스로의 기대는 지나치다. 우리 인생에 비추어봐도 아직 좌충우돌해도 괜찮을 때다. 중요한 건 무엇을 하느냐가 아니라 자기 인생의 주인공이 되어있느냐다.

이 점에서 오히려 둘째 아들은 분명한 데가 있다. 네 살이나 많은 형을 두었으니 미리 공부가 되는 면이 있고 자기 결정을 밀어붙이는 게 가능한 상황이기도 했다. 성격도 겉으로는 유약해 보이지만 부모에게도 휘둘리지 않는 뚝심이 있다. 타고난 재능이 아이를 이런저런 길로 데리고 갈 것 같았지만 둘째는 재능 따라가는 길을 거부하고 본인이 선택한 길로 가겠다고 결정을 내렸다.

중학교 과정까지 검정고시를 하고 나서 고등학교 진학을

결심했다. 그런데 고등학교 1학년 1학기를 다니고선 한국에서 학교는 이만큼 경험했으면 충분하다고 그만 다니겠다고 했다. 이때 아이의 꿈은 파일럿이었다. 다만 시력이 너무 나빠서 국내 대학 진학은 불가능했다. 미국 대학을 알아보면서 아이에게 영어 공부가 필요하다고 생각하여 고등학교 한 학기를 마치고 필리핀으로 유학을 보냈다.

아이가 소신이 있으니 나같이 과단성이 떨어지는 엄마도 도와줄 방법을 찾게 되었다. 늘 상황이 받쳐주던 둘째에게도 필리핀 유학 7개월 만에 모든 것을 접어야 하는 일이 생겼다. 아빠가 담임목사직을 내려놓은 것이다.

워낙 학비가 저렴한 학교를 찾아갔기에 담임목사직을 내려놨다고 못 보낼 것도 없었지만, 우리 가정의 방향성이 크게 바뀌는 전환의 시기에 아이를 먼 곳에 혼자 두고 싶지 않았다. 또 저렴한 필리핀 학교의 교육보다 차라리 집에서 후일을 모색해보고 싶은 마음이 컸다.

이 결정을 듣고 아들은 울었다. 약관을 앞둔 아들이, 비록 어리나 기개가 서린 얼굴을 가진 선비 같은 아들이 머나먼 이국땅에서 아이처럼 훌쩍이며 울었다. 흔들림 없이 자기 결정을 따라 집을 떠나 타국에서 혼자 꿈을 위해 모든 걸 감수하고 있는데, 또다시 원점으로 돌아간다는 게 미래로 가는 길에서 큰 벽에 부딪힌 기분이 들었을 것이다.

고등학교 1학년 때 요양을 떠나야 하는 아빠와 함께 제주로 내려가면서 학업의 동력을 잃은 채 1년을 보냈던 큰아이에게도, 지금 둘째에게도 다 미안했다.

그런데 이 혼란의 시기가 아이의 장래를 결정할 계기가 될 줄은 몰랐다. 필리핀을 접으면서 파일럿도 접었는지, 시력이 안 좋은 것을 염두에 두고 대안을 생각했는지 패션 디자인을 공부하고 싶다고 진지하게 말했다. 정말 처음 듣는 소리였다.

흔히 하는 말로 패션의 피읖 자도 모르고 살아온 아이였다. 옷에 관심이 있던 아이도 아니었다. 1년의 반은 여름 수련회 티를, 나머지 반은 겨울 수련회 티를 입었다. 매우 당황스러웠지만 아이가 워낙 진지해서 일단 패션 학교에서 여는 캠프에 가서 경험해보라고 했다.

바늘에 실 한 번 안 끼워본 아이는 3주간의 패션 캠프에 다니면서 난생처음 선생님이 무슨 말을 하는지 하나도 못 알아듣는 자신, 또 이해될 때까지 묻고 또 묻는 자신을 발견했다. 그렇게 시작하여 지금 2년째 패션 학원에 다니고 있다. 어렵지만 재미있다고 한다. 그림에 재능이 있는 아이였는데 패션 공부의 절반이 이 재능을 요했다. 큰 이변이 없는 한 패션 관련 직업을 갖게 될 것 같다.

그러나 아이는 자신의 반은 음악에 걸고 있다. 매우 열심히 듣고 기회가 닿는 한 연주를 한다. 생계를 해결해줄 직업과는 무관하지만 결코 패션보다 못한 가치가 아니다. 시간이 허락하는 대로 레슨도 받고 합주도 하고 싶어 한다. 자기 자신을 제법 잘 알고 있다.

가닥을 잡아가는 둘째나 변수가 상당한 가닥 앞에 서있는 첫째나 자기가 선택한 길을 걸어갈 것이다. 내가 대신 골라줄 수 있는 수준을 벗어난 지 이미 오래다.

자기 결정을 따라 여기까지 온 경험을 그들은 갖고 있다. 그 결정과 걸어온 길이 자주 예상 밖이었다는 것도 알고 있다. 예상 밖이어서 두렵기도 했지만 이내 익숙해졌고 견딜 만했고 곧 즐거움과 기쁨을 발견했다. 그들은 이 기쁨을 하나님께, 그리고 내게 숨기지 않았다.

이런 식으로 두 아이는 앞으로의 자기 인생을 결정해 나갈 것이다. 그리고 시간이 더 지나면 알게 될 것이다. 주님과 함께 걸었던 인생길이었다는 것을.

사랑하게 하려고

2년 사이에 부산으로 두 번 이사했다. 그래서 두 아들은 한 학기씩 고시원 생활을 했다. 진짜 독립을 하기 전 예행연습을 한 셈이다. 상황이 다르기도 했지만 둘의 성격이 얼마나 다른지 이 시기를 통해 더 잘 알 수 있었다.

큰아들은 굉장히 독립적이어서 고시원 생활을 즐기는 듯했다. 가까운 외삼촌 댁에 가서 주말을 보내도 되련만 한 번도 가지 않았다. 집에도 추석에 한 번 내려온 게 전부다. 모든 끼니를 사 먹으며 세탁기가 시원찮아 옷에서 시큼한 냄새가 나도 독립을 즐겼고, 나머지 불편을 기꺼이 감수했다.

제멋대로인 청춘을, 흐트러진 젊음을 만끽하느라 정신없이 살다가 돈이 떨어지면, 아바마마와 어마마마로 시작하는 읍

소를 보내왔다.

작은아들은 달랐다. 형보다 좀 더 열악한 고시원이기도 했지만 고시원 생활을 많이 힘들어했다. 고시원에 들어가면 모든 의욕을 잃는 것 같았다. 좁은 방에서 아무것도 할 수가 없고, 하고 싶지도 않다고 말했다. 그러더니 진짜로 몸이 아파버렸다.

집이었다 해도 저녁을 먹고 나면 방으로 들어가 버리지만 그래도 집에서는 바깥에서 식구들이 오가는 소리, 말하는 소리가 들리는데 그런 소리가 일절 들리지 않는 곳에서 혼자 있는 것은 견디기 정말 어려웠단다.

스스로 조용한 걸 좋아한다고 생각했는데 그것도 자신을 절반만 아는 것이었다. 조용한 게 지나쳐 외로움까지 불러오는 건 질색했다. 가족 안에서 안정을 찾는 아이였다. 작은아들은 집에도 자주 내려왔고 돌아갈 때마다 가고 싶어 하지 않았다. 주말에는 반드시 외삼촌 댁에 가서 밀린 빨래도 하고 집밥도 얻어먹고 집의 느낌을 빌어 한 주의 긴장을 풀었다.

낯선 환경에 자신을 노출시키면서 스스로 어떤 사람인지 좀 더 알게 된 건 좋은 배움이었다. 또 가족이 빠지면서 상대적으로 여유가 생긴 인간관계에 친구가 들어오기 시작했다. 여기서도 아들들은 성격 따라 차이가 났다.

큰아들은 주도적이어서 친구를 가려 만나고 소수의 절친을 두는 스타일이다. 작은아들은 누구에게나 배려가 많고 호의적이다 보니 저렇게까지 할 필요가 있을까 싶은 관계도 부담스러워하지 않고 잘 이어간다. 겉옷은 물론 속옷까지 벗어줄 준비가 항상 끝나있는 듯한 아이이지만, 얘도 사람인지라 어딘지 보이지 않는 곳에 그어져 있는 마음의 선을 타인이 넘는 순간, 뒤돌아보지 않고 끝장을 내버린다. 소수의 절친과 다수의 지인으로 사는 큰아들에게서는 보지 못한 면이다.

내 손길과 눈길이 닿지 않는 곳에 아들들을 두고 얼마나 걱정이 많았는지 모른다. 그러나 그런 낯선 환경은 우리 대화의 물꼬를 다양하고도 넓게 틔워줬고, 두 아들의 선택과 결정을 통해 그들을 더 알 수 있었다. 같이 있으면서 도와주고 싶은 만큼 도와주고 부족함 없이 받쳐주고 싶었지만, 그랬다면 몰랐을 그들의 면면을 알게 되었다.

몸은 멀어졌지만 마음은 가까워졌고 늘 보던 얼굴은 못 보지만 그동안 보지 못했던 마음과 생각을 볼 수 있었다. 굵직굵직한 일들만 들고 오는 큰아들이나 사소한 모든 것까지 들고 오는 작은아들이나 자기들에게 일어난 일을 엄마와 나누고 싶어 해서 고마울 따름이었다. 그들에게 내가 어떤 존재인지 보여주는 시간이기도 했다.

형제가 한 차례씩 연습했던 독립을 제대로 할 날이 곧 올 것이다. 제 입에 들어갈 음식을 제 손으로 해 먹는 진정한 독립이 이루어지길 바라고, 이 독립의 자유와 기쁨이 결혼을 통해 완성되길 간절히 바란다.

　　엄마의 맛있는 음식을 좋아하고 그 입맛에 길들여 있지만 갓 결혼한 아내의 어설픈 음식을 먹기 시작하면서 남자들은 비로소 살이 찐다. 이 얼마나 신비스런 생의 비밀인가! 남편도 그랬으니 아들들도 그럴 것이다.

내 아들이 비로소 얻은 안식을
내 아들이 마침내 찾은 평안을
내가 아무리 노력해도 해낼 수 없었던
아들의 통통한 볼살을 보며
그의 아내에게 감사하고
하나님께 감사드릴 것이다.

사랑하면서 사랑을 배우고
사랑하면서 자신을 더욱 알아가고
사랑하면서 서로를 더욱 알아가서
더 사랑하고 늘 사랑하기를.

그래서 나는 그렇게 수고를 다하여
아들들을 키웠던가 보다.
사랑하게 하려고.
사랑하면서 살게 하려고.

얼마나 아름다운 수고인가.
얼마나 보람된 희생인가.
지나간 내 청춘이, 흘러간 내 시간이
하나도 아깝지 않다.

그들이 사랑을 알도록 도와줄 수 있었다면
그건 하나님 앞으로 그들을 데려간 것이니
나는 참 잘한 것이다.
참 잘 산 것이다.
나는 이러려고 살았다.
사랑하려고 살았다.

내 가치를 안다는 것

  남편의 외할머니가 아직 살아계셨을 때였다. 외손자들을 손
수 키워주신 할머니는 손자에 대한 사랑만큼이나 자부심이 대
단하셨다. 착하고 공부 잘하고 신앙 좋은 건 말할 것도 없고
외모에 대한 자부심까지 높으셨다.

  "내가 니들 머리 모양을 예쁘게 만들려고 밤낮으로 붙어 앉
아서 똑바로 눕혀줬다. 뒤통수가 납작~ 하니, 얼마나 잘생겼
냐. 밖에 나가서도 니들 인물이 절대로 남들한테 안 밀리잖
냐."

  이런 식이셨다. 남편과 시동생은 피식 웃으며, 아니에요 할
머니, 많이 밀려요, 했고 할머니는 발끈하시며 그런 소리 말라
고, 그럴 리가 없다고 나무라셨다. 이 집안에서는 세상 누구

와도 비교할 수 없는 금지옥엽이지만 바깥으로 나가면 지극히 평범한 사람이었다. 매우 주관적인 시선과 또 매우 객관적인 시선들 사이의 커다란 간극을 남편과 시동생은 어떻게 메워갔을까.

꿈보다 해몽이라 해도 좋을, 덮어놓고 쏟아부은 그런 식의 사랑이어도 사랑받고 자란 아이는 행복한 아이다. 집마다 있는 이 행복한 아이들이 집 밖으로 나와서도 서로서로 행복할 수 있다면 얼마나 좋을까. 사랑받은 아이들이 보고 배운 것이 사랑밖에 없고, 할 줄 아는 게 사랑밖에 없어서 다 같이 사랑만 한다면 얼마나 좋을까.

먼저 양보하고 먼저 배려하고 먼저 사과하고 먼저 용서하고 그래서 서로가 서로에게 힘이 되고 기쁨이 되는 어린이들이라면, 그들이 그렇게 자라 청소년이 되고 청년이 되고 어른이 된다면 얼마나 좋을까.

일곱 살에 초등학교에 입학하면서 기대보다는 낯선 세계로 들어가는 두려움이 더 컸다. 내 발로 걸어서 학교에 가서 교실에 들어가 내 자리를 찾아 앉아 글을 읽고 쓰고 내 이름을 부르면 일어나서 내 생각을 말하기도 하는 나이였음에도 순간순간 제대로 하고 있는지 자신이 없어서 조마조마했다.

잘못 알아들어서 실수라도 한 날에는 서러움이 밀려와 울고 싶었다. 우리 집이었으면, 아빠 엄마 같았으면, 오빠들이 옆에 있었으면 내가 가서 알아들을 때까지 묻고 또 물어서 실수 없이 했을 텐데, 왠지 선생님은 어렵고 무서워서 묻지도 못하고 내가 알아서 한다는 게 실수였다.

어서 집으로 가야지.

꽤 길었던 하굣길을 부지런히 걸어서 집에 도착해 책가방을 내려놓으면 겨우 반나절 집 밖에 있느라 하는 줄도 몰랐던 긴장이 풀리면서 홀가분해졌다. 살 것 같았다. 할머니랑 점심 먹고 옆집 친구랑 놀면서 숙제하고 할머니 옆에서 낮잠도 자고 저녁에 식구들이 돌아와 그들의 이야기를 듣고 다 같이 저녁 먹으면서 TV를 보다 보면 내게 무슨 긴장이 있었나 기억도 나지 않았다.

엄마나 아빠가 오늘 학교에서 어땠어? 라고 물었다면 학교에서 있었던 일이 가물가물한 먼일처럼 느껴졌을 것이다. 자기 전에는 나도 내일 갈 곳이 있다는 것을 대견하게 생각하며 기분 좋게 책가방을 쌌다. 다음날은 어땠을까. 전날과 비슷한 날이었을 것이다. 긴장하고 실수하고 어떤 날에는 실수 없고. 이렇게 천천히 내가 소화할 수 있는 속도와 정도로 하루하루를 보내면서 나는 성장했다.

그런데 요즘 내가 보는 아이들은 첫 돌이 되기도 전에, 아니면 겨우 두 돌을 보내고 가방을 메고 집을 나선다. 이 어린아이들의 세계를 보자.

집에서 받는 대접은 더 이상 없다. 웃어도 상대방은 나를 따라 웃지 않는다. 울어도 상대방은 나를 달래주지 않는다. 아빠 엄마처럼 대해주는 사람은 없다. 집 밖에는 또 다른 법이 있다. 이것을 아이들은 언제 어떻게 알게 되고 받아들이게 될까? 그것을 마침내 인정하고 받아들였을 때 기분은 어떨까?

첫돌을 갓 지난 아이가 집 안과 집 밖에서의 법이 다르고 잣대가 다르고 대접이 다르다는 걸 이해하고 받아들이기까지 그 아기의 감정이 거쳐야 하는 단계는 어디서부터 어디까지일까. 무엇을 포기하게 될까. 포기해도 되는 것일까. 순응하게 되는 것은 무엇일까. 그것은 과연 그만한 가치가 있는 것일까. 아기가 이런 대가를 치르면서까지 배워야 하는 것은 무엇일까.

아무리 싫어도 모두가 먹으니까 나도 먹어야 하고, 모두가 앉아있으니까 나도 앉아야 하고, 모두가 조용히 하니까 나도 조용해야 하는 걸 배우고, 아무리 거부해도 받아들여지지 않는다는 것을 배워서 겨우 단체 생활에 방해되지 않는 존재가 되려고 이 세상에 태어났단 말인가.

겨우 이것을 가르치려고 아기 때부터 집 밖으로 내보내서 또 다른 법 앞에 세우는 것인가. 아기들이 말할 수 있다면, 기저귀 부대 대표를 세워 그로 말하게 한다면, 그들의 인권과 자유에 대해 의견을 낼 수 있다면 무슨 이야기를 할까.

약자 중의 약자였던 어린이. 그들을 향한 존중이 많이 나아진 세상이긴 하지만, 한 어린이의 개성을 존중하는 면에서 본다면 오히려 세상은 거꾸로 가고 있는 것 같다. 모든 어린이가 소중하다는 구호 아래에 한 어린이를 향한, 그가 가진 개성과 그가 가진 빠르기와 그가 가진 세계에 대한 존중은 묻히기 일쑤다.

이것을 지킬 수 있는 사람은 부모밖에 없다. 그래서 부모가 중요하다. 또 그래서 부모 없는 사람이 서러운 것이다. 한 사람이 가진 고유한 가치를 소중하게 여겨줄 사람이 없기에 서러운 것이다. 누가 그것을 돌아볼 것인가.

세상은 그것을 발견하고 지켜줄 관심도 여력도 없다. 대신 뛰어난 한 사람에게 집중한다. 그에게 걸맞은 대접을 해주기만 하면 세상은 큰 힘 들이지 않고 사람에게서 충성을 끌어내고, 원하는 대로 굴러가게 할 수 있다.

한 사람에게 집중하는 것은 부모가 해야 하는 일이다. 그리고 하나님이 하시는 일이다. 부모가 이것을 외면하고 아이를 양육한다면 아이들은 더 이상 물러설 곳 없는 절벽 끝에서 이 세상을 지배하는 궁극의 법 앞에 서게 된다. 이 법은 단체 생활에서 방해되지 않는 선에서 머무르면 안 되고 무엇이든 뛰어나기를 요구한다.

뛰어나지 않으면 시선 한 번 못 받고 그저 그런 아이가 되어 들러리처럼 장식품처럼 서서, 환호받는 아이를 향해 박수를 보내기만 해야 한다. 이미 부모들은 이 사실을 잘 알고 있기에 무엇이라도 준비를 시켰겠지만 최고가 되는 건 쉬운 일이 아니다.

장시간 버티고 앉아서 배운 것을 익히고 갈고닦아 빠른 시간에 숙련된 단계까지 가는 건 보통 아이들에게는 벅찬 일이다. 호기심이 많아 여기저기 기웃거리고 참견하고 구경하다가 또 다른 것으로 고개가 돌아가는 게 보통의 아이들이 세상을 배우는 일반적인 과정이다. 그러나 이런 아이라도 잘하는 것, 좋아하는 것, 끌리는 게 있기 마련이다.

그것을 찾아가고 발견하는 과정이란 마치 어느 시점, 어느 골목에서 그 상대를 만날지 알 수 없는 여행과 같으나, 아무리 기다려도 보이지 않는다고 해서 포기해도 되는 일은 아니다.

자기 자신에 대한 탐구 없이 단지 뛰어나기 위해, 환호받기 위해 모두가 달려가는 곳으로 그저 달리기만 했던 아이들은 초등학교 고학년만 되어도 그동안 쌓인 피로가 낳은 독소를 슬슬 내뿜기 시작한다. 달리는 동안 아이들은 하나 더 알게 되었을지 모른다. 집 밖의 법이 집 안으로도 들어오기 시작했다는 걸. 아빠도 엄마도 세상이 원하는 대로 내게 원하고 있음을 알게 되었을지도 모른다.

그들만의 나, 나만의 그들로서 서로에게 충분했던 날들은 자신도 모르는 사이 지나가고, 그들의 눈동자가 만족 대신 불안으로 흔들리는 걸 본다. 부모의 눈에서 이 감정을 읽은 아이의 마음은 어떨까.

내가 웃기만 해도 만족하던 엄마가 내가 어떻게 해도 불안하다는 걸 읽었다. 그리고 엄마에게 만족을 안겨주기란 매우 힘들다는 것도 알았다. 이 순간의 아이의 감정은 세상과 자신에 대한 실망감이 아닐까. 다시 한번 그들에게 자신의 감정을 말할 수 있게 해준다면, 그들이 생각과 감정을 정확히 말할 수만 있다면, 우리는 어떤 이야기를 듣게 될까.

'백세시대'라는 요즘, 평생을 두고 볼 때 유년기는 겨우 12-13년 정도다. 이때는 달려야 할 시기가 아니라 충전하는 시기다. 다른 말로 하면 안식하는 시기다. 에덴동산에서 아담의 인생이 안식하는 것으로 시작했던 것처럼, 하나님이 인생에게 주신 첫날이 안식일이었던 것처럼 인생의 처음 단계는 안식하며 충전하는 시기여야 한다고 생각한다.

안식은 지친 어른들이 쉬기 위해 갖는 것이기 이전에 이 세상에 태어난 아기가 세상을 살아갈 힘을 기르기 위해 가져야 하는 거라고 생각한다. 우리 아이들은 이 시간을 얼마나 가졌는가. 육체의 힘, 마음의 힘, 정신의 힘, 영혼의 힘을 길러주는 시간을 충분히 갖고 있는가. 부모의 든든하고도 따뜻한 사랑 안에서 얼마나 양질의 안식을 누리고 있는가.

속에 독소가 쌓일 대로 쌓여 독기가 서린 아이들이 청소년이 되었다면, 기저귀를 차고 밖으로 나가 똑같이 하고 있으라는 교육을 받고, 그다음에는 최고가 되기 위해 끝없이 달려오기만 했다면, 그의 부모가 한 사람이 지닌 그만의 고유한 가치를 소중하게 대하지 않았다면.

그럴 필요 없다고, 거기에 있을 필요 없다고, 그렇게 달려갈 필요 없다고, 네가 잘할 수 있는 것을 찾아보자고, 좋아하는 것, 하고 싶은 것을 하면서 사는 거라고, 네가 행복한 게 가장 중요하다고, 네가 행복해야 우리도 행복하다고 말하며 그 대열에서 꺼내주는 부모가 없었다면, 뒷문을 열어주는 사람이 없었다면.

그 나이가 되도록 치열한 경쟁에 지치고 화가 나서 아무 데나 화풀이를 한다 해도 어른인 우리는 할 말이 없다. 사춘기라는 이름표를 달아 모두가 앓고 지나가는 전염병 환자 취급하며 얼른 낫기만을 바란다면, 이제까지 한 아기에게 저지른 만행을 참회할 기회를 영영 놓치게 될지도 모른다.

그들의 짜증과 분노, 일탈과 침묵, 외면과 눈물은 어쩌면 외침일지도 모르고 호소일 수도 있고 간절한 조난신호일 수도 있다. 자신의 감정과 생각을 자세히 말할 기회와 능력을 다시 한번 그들에게 준다면 무슨 이야기를 할까.

나는 도대체 무엇인가?
나는 왜 태어났는가?
나는 도대체 누구인가?

이 세상에 태어난 자신의 존재 이유를 알고자 하는 이 질문. 살아있다는 신호요 살고 싶다는 증거라고 본다. 이 얼마나 아름다운 신호인가. 얼마나 마땅하고 당연한 반응인가. 이 질문을 한다는 것이 얼마나 다행인가.

나는 사춘기의 그들에게 이런 질문과 고민이 생기는 것을 하나님의 선물로 본다. 하나님은 아무리 어린아이라 할지라도 자신을 잃은 채 다른 사람을 위해 존재하는 것은 싫게끔 만드셨다. 왜냐면 그분은 우리 모두를 하나하나 소중히 여기며 사랑하시기에 이런 생각을 반드시 하도록 지으셨다.

이 질문이 질문으로 끝나지 않도록, 이 질문을 하기 시작한 얼굴을 못 보고 지나가는 일이 없도록 나는 그들을 도와주고 싶다. 세상에서 가장 귀한 존재라는 걸 어렸을 때부터 듣기만

했다면 이제는 자신이 인정해야 할 때로 옮겨가는 단계가 온 것이다. 그것이 사춘기가 아닐까.

이때 하나님은 부모를 통해 그들에게 말씀하고 싶으실 것 같다. 무엇이 어떠하든 너는 귀한 존재라고. 나는 너를 용납하고 기다리며 응원한다고. 이 끝없는 정서적 지원을 부모에게, 원천적으로는 하나님께 받는 사람은 얼마나 복된가.

남편과 시동생은 서열이 매겨진 자신이 아니라 가치가 새겨진 자신을 찾아냈기에, 그 커다란 간극을 뛰어넘을 수 있었을 것이다. 언제 어떻게 가능했는지 자세히 묻지 않았다. 그러나 할머니의 우격다짐을 웃으며 넘기는 그들을 보면서 내면에 단단히 자리한 자존감을 볼 수 있었다.

누가 알아주지 않고 세워주지 않아도 내 가치는 내가 잘 알고 있는 것. 할머니가 돌아가신 지 20년이 훌쩍 넘도록 내가 그들에게서 확인하고 있는 것이다.

딸들아.
하나님이 말씀하시기를,
내가 너를 모태에 짓기 전부터
너를 알았고
네가 배에서 나오기 전에
너를 성별했다, 하셨단다.

딸들아,
엄마도 입양아야.
하나님께 입양된 거란다.
하나님의 딸이 아닌데
엄마를 딸로 삼아주셨어.
그래서 하나님을
아버지라고 부를 수 있게 되었어.
예수님이 나를 형제라고 불러주시지.

Part
4

소녀의 방

두려움

딸을 만나러 가기 전날, 설렘과 흥분, 기대와 기쁨을 안고 수요예배를 드리러 갔다.

"큰 물결이 설레는 어둔 바다 저 등대의 불빛도 희미한데…"

이 찬양을 부르기 시작하면서 비로소 내 마음속 깊은 어딘가에 있었던, 있는 줄도 몰랐던 두려움이 밀고 올라왔다. 두려움 없다고 부르면 부를수록 계속 눈물을 쏟으며 흐려진 눈으로 정면에 서있는 두려움을 봐야 했다.

어떤 두려움이었냐고 묻는다면 말하지 못했을 것이다. 실체가 또렷했다면 정신을 차릴 일이지 두려워 울 일이 아니다. 모호하고 막연했기에 어느 만큼인지 어디까지인지 모르는 공포, 아니었을까.

그저 찬양하는 내내, 나 두렴 없네 두렴 없도다, 가 아니라, 저 두려워요, 하나님, 사실은 정말 두려워요, 라며 찬양 가사처럼, 이 두려운 바다를 지나 소망의 나라에 이르게 해주세요, 라고 내 마음을 쏟아냈다.

그날은 그렇게 지나갔다.

일어나지 말았어야 할 일 ———————

긴 이야기가 될 것 같다. 내 책을 이미 읽은 독자들이 떠올리는 우리 집의 두 가지 테마를 겹쳐서 이야기할 생각이다. 하나는 암송이고, 다른 하나는 입양이다.

나는 이런 테마 혹은 주제 혹은 간판을 내걸고 싶지 않았다. 집이요 가정이기 때문이다. 그러나 책을 내면서 의도치 않게 간판을 내건 집이 되고 말았다.

간판을 내걸자 그때부터 집이 아니라 가게가 된 것 같았다. 장사를 하는 것 같은 기분이 들었다. 이미 상품이 된 무언가를 계속 생산하여 잘 포장해서 내다 팔아야 하는 것 같았다.

뼛속까지 엄마이기에 이런 기분이 드는 스스로에게 일단 불쾌했다. 그래서 들여다보고 싶어 하는 모든 시선을 차단했고,

나와서 이야기를 들려달라는 부름을 대부분 거절했다. 안 그래도 목회자 가정이라 다른 집보다 많은 부분에서 노출되어 있는데 더 이상의 노출은 가족 모두에게 큰 부담이었다.

나는 워낙 폐쇄적인 성격이어서 교인들을 만날 때에도 많은 준비가 필요했다. 고쳐보려고도 했지만 매우 힘들었다. 나는 나름의 진정성을 갖고 할 수 있는 범위 내에서 사모로서 교인들을 만나고, 작가로서는 책으로만 독자들을 만나기로 마음을 정했다. 침해나 방해를 받으면서까지 공개하고 싶지 않았다. 내 집이고 내 글이니 열고 닫는 건 내 맘대로 하고 싶었다.

그러던 중 굉장히 심각한 침해를 받게 되었다. 침해 정도가 아니라 치명적인 상해에 가까웠다. 큰딸이 일곱 살이 되던 해 겨울이었다.

연례행사처럼 갔던 성경암송캠프에서 딸이 큰 충격을 받는 일이 생겼다. 내가 엄마들과 함께 모여 자녀양육에 관한 강의를 하고 질문을 받는 시간에 아이들을 따로 모아 돌봐주던 곳에서 딸은 듣지 말았어야 할 소리를 듣고 말았다. 나란히 엎드려 그림 그리던 자기보다 두 살 정도 많은 언니에게서.

네 지금 엄마는 진짜 엄마가 아니야.
진짜 엄마는 지금 학교에서 공부하고 있어.

이 말을 들은 딸은 캠프가 끝날 때까지 내색하지 않다가 집에 와서 제 큰오빠에게 사실인지 물었다. 깜짝 놀란 큰아들은 내게로 와서 입양 사실을 얘기해준 거냐고 했다.

그 아이는 그런 말을 어디서 들었을까. 우리도 모르는 사실을 아홉 살 정도밖에 안 된 아이가 어떻게 말할 수 있었을까. 제 엄마에게 들은 이야기였을 것이다. 그 엄마는 그 시간에 내 강의를 들었을 것이고.

제 자식만 귀하고 남의 자식 귀한 줄을 모르는
사람들이 여기도 섞여있구나.

내가 느낀 염증과 환멸은 여섯 살 큰아들을 시작으로 쉬지 않고 달려오던 암송 행진의 엔진을 차갑게 꺼버렸다. 나는 그러고도 남을 사람이다. 자식이 무엇보다 귀하기에 내 자식에게 상처 주면서 남의 자식 잘 키우라는 강의를 할 사람이 아니다. 그 시로 성경암송캠프에 발길을 끊었다.

2년 뒤에 교회 자매들이 이 성경암송캠프를 가고 싶다며 내게 동행해주기를 요청했다. 청년기를 보내는 동안 나와 책 나눔을 하며 하나님이 세우신 가정에 대한 소망과 장차 꿈나무 장학생을 키울 엄마가 될 꿈을 갖게 된 자매들이었다.

엄마로서는 다시 가고 싶지 않았지만 한 교회의 담임목사 사모였기에 거절하지 못하고 내키지 않는 마음을 달래며 참석했다. 물론 우리 가족도 다 함께. 지금도 후회한다. 내가 거기를 왜 또 갔을까. 사모는 사모일 뿐 굳이 안 가도 그들은 잘했을 것이다.

어린 내 딸을 보호하는 게 더 중요한데 그것을 망각하고 데리고 갔다. 딸에게 너무 잔인했다. 다시는 가지 말았어야 했다. 내가 안 가도 그 자매들은 서로 의지하며 수련회를 잘 참석했을 것이다. 내가 아니면 안 되는 건 내 딸이다.

어린 딸의 가슴도, 내 가슴도 얼어붙고 딸의 마음과 내 마음이 찢겼다. 일곱 살에 놀란 가슴은 그만큼의 세월이 넘도록 지나고서야 조금씩 안정을 찾아가고 있다.

하나님이 예레미야를 선지자로 부르실 때 "내가 너를 모태에 짓기 전에 너를 알았고 네가 배에서 나오기 전에 너를 성별하였고"(렘 1:5)라고 하셨다. 인생이란 이런 거라고 나는 생각했다. 하나님 안의 인생이란 이런 것이 아니었던가. 이것을 믿지 않는다면 무엇을 믿는다고 말할 것인가. 이 말씀이 그대로 받아들여졌고 내가 만날 딸들도 이렇게 지음을 받고 선택받은 하나님의 딸이라는 사실이 그대로 받아들여졌다.

모든 것이 하나님의 섭리이므로 믿고 기다렸고 마침내 딸을 만났다. 내게 입양이란 이 이상도 이하도 아니다. 내가 낳은 아들들과 전혀 다를 바가 없었다. 사랑이 내 안에서 샘이 솟듯 폭포수가 쏟아지듯 했고, 딸을 얻은 기쁨으로 매일 행복했다.

지극히 단순하게 말씀을 받아들이고 믿었던 만큼 내 생각과 감정을 훗날 딸들에게 전해줄 때 그 마음에 닿지 않을 수도 있다고 생각해본 적이 없다. 사랑이 그것을 가능하게 해줄 것 같았다.

그런데 시간이 다가올수록 혼란에 빠졌다. 이 모든 것이 거짓말 같았다. 입양을 했다는 게 거짓말 같았다. 아무리 생각해도 내가 낳은 것 같고 이 아이들의 친엄마 같았다. 다른 사실은 없는 것 같았다. 입양을 했다는 게 믿어지지 않았다.

기도할 때마다 이 믿어지지 않는 사실 앞에서 하염없이 눈물이 났다. 사실을 알려주는 게 아니라 거짓말을 하는 것 같았다. 거짓말로 딸들을 속이고 충격을 주는 몹시 나쁜 짓을 하는 것 같았다. 도저히 해서는 안 될 짓 같았다.

이 마음을 이기지 못하고 눈물을 쏟는 날들이 이어져 진실이 거짓인 것 같고, 거짓이 진실인 것 같아 어린 딸들을 농락하는 것만 같은 기분이 들 때, 비로소 내가 낳지 않았다는 사실이 주는 슬픔에 깊이 빠져버렸다.

이런 것이구나. 입양이 이런 것이구나. 모든 것이 똑같아도 내가 낳지 않았다는 사실 하나가 우리 사이에 마디 하나를 긋고 지나가는구나. 그 어리고 연한 마음에 어떻게 이 사실을 떨어뜨릴 것인가. 도저히 자신이 안 생길 때, 도저히 할 수 없을 것 같을 때, 눈물만 쏟아지던 때 우리에게 그 일이 일어났다.

일곱 살. 부드러운 머리카락, 길고 연한 속눈썹, 솜털이 보송보송한 뺨에 입이라도 맞추면 달콤한 향기가 나던 아직도 어린 딸. 큰 눈동자에 호기심과 부끄러움이 한가득이던 섬세하고 예민했던 내 딸. 내성적이고 조용한 성격이지만 오빠들을 따라다니며 재미있게 놀고 어린 동생을 따뜻하게 보살필 줄 알던 착하고 행복했던 내 딸.

내가 없는 사이에 그 아이에게 강도처럼 찾아온 속삭임은 잔인했고, 사실 하나에 지어낸 이야기가 뒤섞인 오염된 서술은 역겨웠다. 한순간에 강도 만난 사마리아인처럼 죽을 듯이 상처 입은 딸을 안고, 나의 지난 이야기를 오래오래 들려주었다. 딸이 이야기를 다 듣고 난 뒤 말했다.

엄마, 그래도 마음이 너무 아파요.

가슴이 천 갈래 만 갈래로 찢어지는 것 같았다. 내 엔진은 이 순간 꺼졌다. 힘들었지만 보람 있었고 기쁘고 행복했던 우리 집의 암송 엔진이 꺼진 후 다시 켜지지 않았다. 거칠게 열쇠

를 빼내서 어딘지 모르는 곳으로 멀리 던져버렸다. 암송과 관
련된 것을 마음속에서 다 몰아내 버렸다. 그렇게 우리 집 간판
을 내 손으로 내렸다.

딸들아.
하나님이 말씀하시기를,
내가 너를 모태에 짓기 전부터
너를 알았고
네가 배에서 나오기 전에
너를 성별했다, 하셨단다.

딸들아,
엄마도 입양아야.
하나님께 입양된 거란다.
하나님의 딸이 아닌데
엄마를 딸로 삼아주셨어.
그래서 하나님을
아버지라고 부를 수 있게 되었어.
예수님이 나를 형제라고 불러주시지.

부를 수 없는 이름을 부르는 거라고

슬퍼하지 말자.
부를 수 없는 이름이 아니라
부를 수 있는 이름인 거야.
나를 입양해주실 때
하나님은 세상을 다 얻은 것처럼 기뻐하셨거든.
내가 너희를 기뻐한 것처럼.

부를 수 있는 이름, 엄마.
너희가 나를 엄마라고 불러주어서
내가 얼마나 행복했는지,
얼마나 기뻤는지 너희들은 모르지.
하나님은 아실 거야.
내 마음을 그분은 아시니까.
그분은 내 아버지니까.

하나님이 나를 아시는 것처럼
나도 너희를 알아갈게. 사랑할게.

세상이 내 맘 같지 않아도 ─────

지금이라면 공개입양을 하지 않을 것이다. 과연 그럴 수 있을까. 아마 그럴 수 없을 것이다. 그런데도 이 말을 할 만큼 공개입양 한 걸 후회한다. 할 수만 있다면 입양을 한 뒤 내 이야기를 모르는 사람들이 사는 곳에 가서 입양의 흔적을 지우고 내 딸들을 키우고 싶다.

어린 아들들에게 입양에 대해 내가 믿고 생각하는 바를 있는 그대로 설명해주었다.

너희들이 태어나기 전에
아니, 아빠 엄마가 결혼하기도 전에
아니, 아빠 엄마가 태어나기도 전에

이미 너희들의 동생이 될 아기들을
하나님이 정해놓으셨어.
우리의 만남을 정해놓으셨지.
내가 너희를 낳아 가족이 된 것처럼
동생들도 만나는 방법이 다를 뿐
하나님의 계획대로 만날 것이고
우리는 그분의 계획대로 가족이 되는 거야.

겉으로 보면 아기를 낳았지만
키울 수 없는 사연을 가진 부모의 아기를
아빠 엄마가 데리고 와서
그 아기의 부모가 되어 키우는 거지만,
우리의 만남은 이 세상이 만들어지기 전에
하나님이 정해놓으신 거야.
그러니 그 아기는 아빠 엄마의 진짜 아기이고,
그 아기의 진짜 부모는 아빠 엄마라고
엄마는 믿고 있어.

일곱 살 딸이 암송캠프에 가서 겪은 일을 통해 사람들이 나
같지 않다는 걸 비로소 알았다. 적어도 교회에 다니는 사람들
은 나 같은 줄 알았다. 그때 뜨게 된 눈으로 지금까지 사람들

을 지켜보니 입양에 관한 단순한 호기심과 편견과 선입견이 보였다.

난생처음으로 하늘이 무너지는 소리를 들은 것 같았을 때, 가슴이 갈라지는 것 같았을 때, 딸을 안고 다시 한번 내 이야기를 들려주었다. 그 아이가 왜 내 딸인지 알려주기 위해서.

난 믿는 바를 전할 자신이 있었다. 여섯 살, 두 살 아들을 앉혀놓고 설명해줬듯이 내가 믿는 우리 인연의 난제를 섭리로 풀어낼 자신이 있었다. 왜곡 없이, 무리 없이, 과장 없이 내가 받은 대로 딸에게 물려줄 자신이었다.

그건 내가 내 엄마의 딸이라는 것을 믿는 것과 다를 바 없이 너무나도 선명한 일이었기 때문이다. 이 믿음에 자신이 없었다면, 조금이라도 흔들렸다면 입양을 하지 않았을 것이다. 나는 용감한 사람이 아니다. 보이는 대로 갈 뿐이다.

내가 보았고 믿었던 섭리와 실제로 일어난 사실을 분리해야 하는 시간이 왔다. 사실과 섭리가 일치되어 버린 지 오래인데, 다시 사실과 섭리를 분리하여 각각 하나씩 딸에게 가르쳐주고 그 가슴에서 다시 일치하기를 기다려야 했다.

섭리가 내 이성에서 내려와 가슴으로 도착하여 내 딸로 아는 것도 아니고 믿는 것도 아니고 그냥 내 딸로 안고 끼고 물고 빨며 살아온 세월을 보냈건만, 이제 와서 다시? 아니라고 하고 싶었다. 사실이 된 섭리는 처음부터 없었고 모든 것이 사실일 뿐이라고 그렇게 어린아이처럼 하나님께 생떼를 쓰고 있었다.

어쩌면 딸들만큼이나 세상을 모르고 사람을 몰랐던 건 아니었을까. 교회 안과 밖 경계에 두꺼운 선을 그어놓고 교회 안의 사람들에게는 맹신을, 교회 밖의 사람들에게는 의심을 덮어놓고 살아왔다. 그래서 교회 안에선 마음이 놓였고, 교회 밖에선 언제나 불안했다. 교회 사람들끼리도 다툼과 원망이 있다는 걸 부모님의 세계를 통해 알고 있었지만, 나를 둘러싼 세계에 적용하지 않았다.

교회와 세상을 선과 악으로 구분 짓고 살았던 것에 대한 대가를 치르는 지난 세월이었다. 성(聖)과 속(俗)의 구분을 어린 내가 언제 어떻게 시작했는지 모르겠지만 난 꽤 어렸을 때부터 이분법적 사고방식으로 세상과 교회를 바라보며 살아왔고, 사모가 되고 사 남매의 엄마가 되고 나서도 버리지 못했다.

점점 교회 생활이 힘들었다. 죄인을 부르러 왔노라고 예수님이 말씀하셨음에도 의인이 된 죄인들이 모여있는 곳이 교회라고 생각하고 살았다. 교회 생활에 실망과 염증이 생기기 시작했다. 자연히 거리감이 생겼고 거리감을 좁히는 건 참 두려운 일이었다. 가까이 갈수록 그들의 민낯은 너무 잘 보였고,

그것을 마주하는 고통이 너무 컸다.

세상과 사람을 대하는 자세가 최소한 나만큼은 될 거라는 생각은 순진한 것인가, 어리석은 것인가. 다른 사람들도 아닌, 예수님을 믿는다는 사람들, 그 가운데서 크리스천 자녀양육의 장에 누구보다 열심을 내어 한겨울에 산속 캠프장까지 와있는 엄마들을 추호도 의심하지 않았다. 그들도 나와 같이 섭리를 진실로 받아들일 줄 알았다.

입양에 관한 내 생각과 결정을 물어오는 사람들에게 성심성의껏 대답할 때도 그들이 내 생각에 동의할 줄 알았지, 그건 네 생각이고 네 착각이고 네 환상이야, 할 줄은 몰랐다. 엄마라는 사람이 어린 딸을 데리고 앉아 다른 집에 일어난 일에 대해서 입양에 관해 소설을 쓸 줄 몰랐다.

출생의 비밀이 빠지면 이야기가 전개되지 않는 TV 드라마를 보면서 저건 세상 사람들의 단순함과 천박함이라고만 생각했지, 그것이 크리스천 시청자의 세계관에 구체적인 영향을 줄 거라곤 생각하지 못했다.

사람들은 부끄러워하지 않았다. 그러므로 감추려 하지 않았다. 그리고 조심하지 않았다. 암송캠프에서 어떤 엄마가 던진 돌은 정말 의도치 않게 던진 돌이었을까. 무심코 했던 실수였을까. 지금까지 여러 번 생각해도 아닐 거라는 생각이 든다.

그러기엔 너무 구체적이다.

그 돌을 맞은 일곱 살 큰딸은 그 나이만큼의 시간이 한 번 더 지나도록 충격에서 벗어날 수 없었다. 어린 딸에게 몰아치는 세상의 거센 풍랑이 한낱 물거품이었음에도 휩쓸리지 않고 서있기란 쉬운 일이 아니었다.

나는 왜 그렇게 어리석도록 순진했을까. 난 정말 바보 같은 엄마였다. 선입견과 편견의 눈동자가 딸들을 줄기차게 맹렬하게 따라다니고 있다는 것을 나만 몰랐다. 이 무지도 일종의 방임이요 학대다. 뭘 어떻게 달리할 수 있었을까 생각하면 지금도 뾰족한 수는 별로 없다. 그러나 적어도 모르고 있지는 않겠다. 모른 채로 웃고 있지는 않겠다.

모두가 나 같을 거라는 생각에 아무 대책 없이 딸들을 세상에 내놓았던 내 어리석은 미소가 두고두고 딸들에게 미안하다. 타인의 결정을 이해할 수 없어도 존중은 할 줄 알았고, 적어도 앞에서는 박수 치고 뒤돌아서서 비웃는 일은 안 할 줄 알았지만 내가 만난 세상에서 이런 일은 매우 드물게 일어났다. 그러니 웃고 있을 수만은 없다. 더구나 엄마라는 사람은.

이제는 입양에 관해 묻는 사람은 일단 경계하고 되도록 말을 아낀다. 진지하게 묻는 사람을 만나면 그냥 입양을 하라고 짧게 권하고 만다. 그리고 입양이라는 단어도 입에 올리지

않으려고 한다. 온 세상이 동물을 돈 주고 사 오면서 입양한
다고 하기 때문이다.

　나는 전능자의 섭리 안에서 만난 내 딸과 돈 주고 산 동물이
한 단어에 속하는 것을 참을 수가 없다. 내가 단어 선택에 예
민할 수밖에 없는 작가이기 때문이라고, 하고 싶지 않은 변명
을 억지로 해본다.

큰딸의 딜레마

엄마, 그래도 마음이 너무 아파요.

일곱 살 큰딸의 이 말에 나도 하늘이 무너지고 가슴이 무너졌다. 뭐라고 할 말을 찾지 못해 그냥 끌어안고 한참을 불안하게 울렁거리는 가슴을 비볐지만 그건 누구의 가슴이었을까. 세상이 무너져 내린 것만 같았다. 애써 웃음 짓지만 그리고 정말 웃을 일이 계속 생기는 집이었지만, 큰딸은 자주 아주 빠르게 본연의 슬픔으로 빠져들었다.

꽃병 바닥에 큰 구멍이 나서 아무리 물을 주어도 다 새버려 꽃이 금세 시드는 것 같았다. 화분 바닥이 꽉 막혀서 물을 주는 대로 뿌리를 썩게 해 꽃이 뚝뚝 떨어져 버리는 것 같았다.

구멍이 난 것 같기도 하고 막힌 것 같기도 했던 그 아이 내면에 어떤 이야기들이 떠다니는지 입을 꼭 닫고 말하고 싶어 하지 않았다.

조용하고 내성적인 성격이었지만 밝고 상냥한 아이였다. 그러나 이 일을 겪고 점점 어둡게 가라앉았고 그러다 우울이 짙어지면 만사가 귀찮아지는 것처럼 보였다. 이런 날들이 이어지다가 폭발하면 그 큰 눈에 눈물을 뚝뚝 흘리며, 나는 아빠 엄마가 좋은데 아빠 엄마가 진짜 내 아빠 엄마였으면 좋겠어, 라며 소리 없이 흐느껴 울었다.

큰딸의 딜레마였다. 이를 지켜보면서 터질 것 같은 가슴을 겨우 붙들어 진정시키며, 내가 엄마지 누가 엄마야, 하며 쓰다듬고 또 쓰다듬었다. 이 진심이 내 딸에게 가닿으려면 무엇을 어떻게 얼마나 해야 할까. 진심이 아니라 내게는 사실인데, 비단결 같은 딸의 머리카락을 쓰다듬으면서 이 자명한 사실을 어떻게 전해야 할지 몰라 할 말을 잃었다.

하나님, 하나님만 속으로 불렀다. 내가 처하고 딸이 당한 현실이 너무 비현실적으로 느껴졌다. 이제까지의 현실은 어디로 가버렸는가. 내가 기도하며 느꼈던 그 착란이 우는 딸을 안고 있는 내 이성을 다시 흔들어대고 있었다.

딸은 현실 앞에서 무기력했고 나는 아이 앞에서 무능력했다. 할 수 있는 게 없었다. 나의 말과 믿음이 이 작은 생명에게 소용이 없었다. 무엇을 해야 할까. 옳고 그른 것, 바르고 틀린 것, 해야만 하는 것, 하면 안 되는 것, 이런 것들이 모두 의미를 잃었다.

내가 있어야 세상이 있고 세상에 내가 있어야 비로소 이런 것들이 의미가 있었다. 내가 없는데, 이미 희미해져 버렸는데 옳고 그름이 다 무슨 소용이 있단 말인가.

《성경 먹이는 엄마》 책 표지에 함박웃음을 지으며 웃던 아이. 나와 눈이 마주치기만 하면 그렇게 웃어줌으로 생의 기쁨을 주던 내 딸. 외로운 내 인생에 봄날의 꽃그늘처럼, 여름 시냇가의 짙은 녹음처럼 내 마음에 평안을 주었던 딸에게 내가 해줄 수 있는 게 아무것도 없었다.

아무리 쏟아부어도 그대로 다 쏟아내 버리는 것 같고, 아니면 그대로 다 토해내는 것 같았다. 집 안의 나와 집 밖에서의 나 사이 균형을 잡는 사춘기라는 것이 딸에게는 사치였을 것이다. 나 자신을 다 잃어버린 것 같은 깊은 상실감이 그 작은 아이를 삼켜버렸다.

이 아이의 상실을 보고, 공허를 보고, 힘이 빠진 다리와 좌충우돌을 보고 내 신념을 내려놓기로 했다. 세워놓은 원칙과 규칙도 포기하기로 했다. 내 품에 뭔가 잔뜩 안고 있어서는 아이를 안아줄 수가 없었다. 신념과 원칙을 내려놓고 아이를 안았다.

사랑, 사랑… 끝도 없는 사랑, 한이 없는 사랑, 묻지도 따지지도 않는 사랑, 요구하지 않는 사랑, 모든 것을 용납하는 사랑, 무엇이 되어야만 주는 것이 아닌 사랑, 내 기쁨을 위함이 아닌 사랑, 그 자체가 이유인 사랑, 그 존재가 이유의 전부인 사랑, 이 사랑을 내 품에 두기로 했다.

모든 것을 용납하고 기다려주는 것, 그의 선택이 옳든 그르든 다 용납하는 것, 아이 자체를 용납하는 것밖에 할 수 있는 게 없었다. 제 부모의 기준은 누구보다 잘 알고 있는 아이였다. 알고 있는 것을 따라오든 거절하든 어떤 것도 그럴 수 있다고 생각하며 다 용납했다.

어쩌면 나의 사랑을 시험하는 것처럼 보일 때도 있었다. 그렇다면 잘 통과해야 했다. 더 열심히 더 끝까지 사랑해야 했다. 딸이 부모의 사랑을 시험하는 심정은 오죽했을까.

힘든 시간을 보내던 딸아이는 혼자가 아니었다. 아이에게는 하나님이 계셨다. 섭리의 주인이신 하나님은 우리를 전쟁 속에 내버려두지 않고, 침묵을 깨고 조용히 그분의 일을 시작하셨다.

돌아보면 하나님은 딸아이 편이셨다. 아무것도 말할 수 없고 주장할 수도 없는 약한 처지를 잘 아셨다. 하나님을 찾지도 못하고, 도와달라고 부르짖을 줄도 모르는 딸아이를 도와주시려 그분은 일을 시작하셨다.

남편이 교회를 사임하고 부산으로 내려와 새해를 맞으면서 감사제목을 한 가지씩 말해보자고 했을 때, 딸은 안양을 떠날 수 있어서 감사하다고 했다. 그때 어쩌면 이 모든 일이 이 아이를 위한 것일 수도 있겠다고 생각했다.

그보다 몇 해 전, 금요기도회에서 아이들이 목사님께 한 명씩 나아와 기도제목을 말하고 함께 기도하는 시간이 있었다. 큰딸은 마지막까지 기다렸다가 아빠에게 가서 모든 걸 새롭게 시작하고 싶다고 말해서 아빠를 울게 만들었다.

어쩌면 하나님은 그날 아이의 기도를 들으시고 우리 가정에 어마어마한 변화의 바람을 작정하셨는지도 모른다. 하나님은 그러고도 남는 분이시다. 그분에게 큰딸은 제일 어린 양, 길 잃고 울고 있는 어린 양이었기에.

난독증 암송기

　암송과 관련된 모든 것을 외면했다. 종로에서 뺨 맞고 왜 한강에서 분풀이냐고 해도 좋다. 내 분풀이가 옹졸하다고 해도 좋다. 공사를 구분하지 못한다고 해도 좋다. 내게 공적인 의무가 무슨 상관인가. 나는 대단히 사적인 사람이다. 내 딸을 충격에 빠지게 한 공적인 자리에 두 번 다시 가고 싶지 않다는 건 너무나 마땅한 생각이었다.

　그러나 암송을 그만둘 수는 없었다. 암송을 시작해야 하는 나이인데 암송학교 자체를 왕따 시키고 들어앉았다고 해서 우리만의 암송을 안 할 수는 없었다. 실컷 두들겨 맞고 털까지 다 뽑힌 기분으로 암송을 시작했다.

　우리 집 암송은 처음에 설정하기를 마더 텅(mother-tongue)

암송이었다. 아직 글을 읽지 못하는 큰아들을 암송시킬 때 내 말을 따라 하도록 했기에 이후로도 내가 먼저 외우고 아이들이 나를 따라서 하고 있었다.

내가 아직 신념을 붙들고 있을 때, 약속한 규칙을 지키며 살아야 한다고 생각하던 때에 큰딸에게도 암송을 시켜야 하는 시기가 왔다. 첫 암송, 갈라디아서 2장 20절 말씀을 암송하게 했다. 이미 하루하루가 내 역량을 훌쩍 넘어선 버거운 삶이었지만 어린아이에게 암송을 시켜야 한다는 대전제는 지나쳐서는 안 될 중요한 것이었다.

큰아이와의 암송은 자의 반, 타의 반으로 시작했고 동생들도 당연히 하는 것으로 되어있었다. 글도 모르는 아이에게 말씀을 암송시킨다는 건 얼마나 어려운 일인가. 그래서 힘이 거의 들지 않는 암송법을 처음부터 골라서 해왔다. 그렇다고 해도 내가 집안에서 해야 할 일이 너무 많았기에 새로운 암송 어린이가 내 앞에서 섰다는 게 보통 부담스러운 일이 아니었다.

하지만 안 할 수는 없었다. 오빠 둘을 암송 장학생으로 키웠는데 딸 둘도 그렇게 키워야 하지 않겠는가. 부담도 책임도 모두 내 몫이었다. 부담도 꿀꺽 삼키고 책임도 등에 기꺼이 지고 시작했다.

내가 / 내가

그리스도와 / …

그리스도와 / …

그 / 그

리 / 리

스 / 스

도 / 도

그.리.스.도. / …

왜 이러지?

큰딸이 말이 많은 아이는 아니었지만 내 앞에서 입을 다무는 아이도 아니었다. 그런데 첫 암송 구절의 첫 단어만 따라 하고, 다음 단어인 '그리스도'를 안 하려고 했다. 살살 달래가면서 어떤 땐 눈을 부라리면서 처음부터 끝까지 하고 나면 정말 진이 다 빠졌다.

잠시도 가만히 있지 못하던 큰아들을 암송시킬 때와는 차원이 다른 진 빠짐이었다. 엄마가 지치니 아이도 재미를 느끼지 못하는 건 당연했다. 딸은 암송하자고 하면 군말 없이 오긴 했지만 하기 싫은 표정이 역력했다.

이 딸이 어떤 딸인데 이렇게 힘들게 한단 말인가! 하지 말까? 그럴 순 없었다. 말씀암송은 내가 아이들에게 해줄 수 있는 것의 정수였다. 내 신념이고 정체성이었다. 이 생각을 하루에도 수십 번씩 하면서 다시 힘을 내고, 또다시 힘을 짜내어 암송했지만, 내가, 내가, 그리스도와, … 를 반복하고 넘어가지를 못했다.

곧 울게 생긴 딸의 얼굴을 보면서 방법을 달리해야겠다고 생각했다. 얘는 한글을 익히게 해서 혼자 읽게 해야겠다. 여러 번 읽다가 저절로 암송이 되도록 해야겠다. 오빠들보다 진도가 느리면 어떤가, 나랑 암송하다가 사이 안 좋아지는 것보다 낫지, 이렇게 생각을 바꿨다.

한글 익히는 건 뭐 쉬운 일인가. 형제가 많은 집 아이들은 서로 어깨너머로 저절로 익힌다는데 우리 집에서 그런 일은 일어나지 않았다. 다 일일이 내 손으로 가르쳤다.

큰딸은 글보다 숫자가 쉬운 아이였다. 한글도 이런저런 방법으로 시도해보다가 다 포기하고, 자음과 모음 표를 벽에 붙여놓고 순서를 따라 익히게 한 다음, X축인 모음과 Y축인 자음의 좌표를 찾아 그 음가를 생각나게 해서 익히게 했다. 정말별별 아이들이 다 있다. 다른 어떤 방법도 안 통하던 딸아이는 이 방법으로 쉽게 한글을 정복했다.

지금도 생각이 난다. 머릿속에 그려진 표를 생각하느라 눈을 동그랗게 뜨고 가로와 세로를 따라가서 두 개가 만나는 지점의 음가를 말하려고 오물거리던 조그만 입술. 얼마나 귀엽던지. 드디어 한글이 한눈에 들어오던 날, 갈라디아서 2장 20절 말씀을 크게 쓴 종이를 내밀었다. 내 앞에서 한번 읽어보라고 했더니 천천히 혼자서 다 읽었다.

방에 들어가서 혼자 다섯 번을 읽고 와서 엄마랑 한 번 더 읽어보자고 했다. 썩 내키는 얼굴은 아니었지만 들어가서 읽고 나왔다. 그렇게 해서 몇 주에 걸쳐 이 말씀을 암송했다.

시간이 얼마나 흘렀을까. 이 느린 속도가 과연 에너지로 전환될 수 있을 것인가. 한글 공부인지 성경암송인지 정체도 애매한 시간을 가지면서 내 속에서도, 에라 모르겠다, 될 대로 되라, 아니지, 이러면 안 되지, 더 열심을 내야지, 얘가 성경 먹이는 엄마 책 표지에 실린 바로 그 아이인데 이렇게 하면 안 되지, 하고 갈팡질팡했다.

지칠 대로 지쳐서 큰딸과의 암송을 놓고 큰 시험의 시간을 보내고 있었다. 시간이 흐르고 큰딸이 드디어 주일학교에 들어가게 되어 교회가 주도하는 암송 교육의 장에 섰다. 오빠들은 타의 추종을 불허하며 앞서 나가던 분야였으나 딸은 따라가기도 벅찼던 암송.

이즈음 나는, 그래, 교회에 맡기자, 어차피 속도는 비슷하니 한 달에 한두 구절 암송으로 만족하자, 라고 비겁한 타협을 하며 손을 털고 말았다. 그리하여 성경 먹이는 엄마 책 표지모델은 엄마에게서 성경을 못 얻어먹고 주일학교 탁아로 전락하고 말았다. 이 사실이 내게 얼마나 쓰라린 상처였는지 다음 사건이 말해준다.

딸이 초등학교 3학년 때, 교회학교 세미나로 난독증 전문 강사를 모셔서 특강을 들었다. 당시 담임목사였던 남편이 다른 모임에서 이 강사의 강의를 듣고 우리 교회에도 유익하겠다 싶어 초청했다.

1시간 조금 넘는 강의를 듣는 내내 정말 깜짝 놀랐다. 우리 집 아이들 얘기를 계속했다. 학습지를 풀 때 혼자서 읽으면 무슨 말인지 모르다가 엄마가 읽어주면 아는 아이들이 난독증의 대표팀이었다. 책을 좋아하는 큰아들을 제외하고 둘째, 셋째는 난독증이 심한 아이들이었던 거다. 그제야 왜 책 읽기보다는 그림이나 음악으로 가는지 이해가 되었다.

강사분이 해결책을 말해주었다. 사실 이런 증상은 장애에 가깝기에 교육 현장에서 배려가 있어야 하는데 우리나라 현실에서는 어려울 거라고 했다. 난독증인 아이들을 위해 활자는 크게 키우고, 읽는 시간도 더 주는 게 공평한데 아마 사회는 그것을 불공평하게 여길 거라고 했다.

그러니 평소 집에서 큰 활자로 된 글을 천천히 또박또박 큰 소리로 읽게 하고 할 수 있는 한 많은 단어에 노출시키는 것만이 해결책이라고 했다. 어른이 된다고 저절로 나아지지 않으므로 평생 글자에 대한 노력이 필요하다고도 했다. 이 지점에서 나는 가슴이 쿵쾅쿵쾅 뛰는 것을 견디기가 힘들었다.

입에서 입으로 전해주었던 하나님 말씀. 하루에 한 번, 엄마랑 손을 잡고 앉아서 눈을 맞추고 전해주었던 말씀. 그렇게 마음에 새겨지고 새겨져 잊혀지지 않는 말씀이 그의 평생에 따라다녀서 언젠가 그 말씀이 필요할 때 그의 삶을 움직일 것이었던 암송.

밤에 재울 때 누워서 불러줬던 암송찬양. 이 아름다운 가치와 빛나는 의미를 사랑하는 딸에게는 전해주지 못해서 내 처지와 체력을 비관하며 얼마나 큰 죄책감에 시달렸던가. 그랬던 내가 어쩔 수 없이 택했던 방법이 딸에게 있는지도 몰랐던 병의 치료법이었다니. 나를 사랑하시는 하나님, 내 마음을 아시는 하나님을 넘어 내 딸을 사랑하시어 고치시는 하나님을 뵙고 얼마나 울었는지 모른다.

열 살이 되도록 딸을 키우면서 가장 중요한 걸 해주지 못했다는 죄책감을 하나님 앞에 내려놓고 울고 또 울었다. 겉으로 보기에 자기가 낳은 아들들 암송시킬 때랑 입양한 딸을 암송시킬 때가 다르다는 소리가 어딘가에서 들리는 것 같았지만 어쩔 수가 없었다. 이 괴로움을 누가 알겠는가.

그런데 하나님은 다 보고 계셨다. 엄마를 따라 말하면서 새겨지는 암송이 아닌, 혼자 방에 들어가서 종이쪽지에 쓴 글을 읽으며 하는 암송, 그것을 시키면서 내가 느꼈던 낙심과 자괴감을 하나님은 아셨다.

큰딸은 자신이 난독증이 있는 사실을 알고 지금도 공부를 할 때 대부분 쓰면서 한다. 읽고 해석하기가 남들처럼 쉽지 않기에 쓰면서 이해하려는 것이다. 사각사각 소리를 내며 열심히 쓰고 있는 아이를 보면 기특하고 대견하다.

난독과 난청이 같이 온 경우라서 지금도 가끔 단어의 자음과 모음을 이리저리 바꿔 말하지만 우리 모두 웃어넘긴다. 이제는 문제 삼지 않는다. 하나씩 고쳐나가면 될 일이다. 자신의 부족함을 받아들이고 극복하려는 우리 딸, 귀하고 예쁘다.

하루는 이미 고등학교 과정을 끝낸 둘째에게 이 이야기를 길게 들려주었더니 자세히 듣고는 자기도 그런 것 같다고 하는 게 아닌가! 하나님은 공평하시다. 네 아이 중 난독증이 심한 이 둘에게 음악을 담아두는 기가 막힌 귀를 주셨다. 세상은 공평하지 않은 것 같지만 인생은 이렇게 공평하게 흘러간다.

수용할 줄 아는 사람 ———————————

큰딸은 홈스쿨의 최대 피해자이다. 아빠의 병이 심해져서 집 안이 불안할 때, 즉 홈스쿨을 맡은 엄마가 지칠 대로 지쳐있을 때 초등과정을 시작했다. 이때 정말 홈스쿨을 그만두고 싶었다. 홈스쿨을 할 자신도 그렇다고 초등학교 생활을 도와줄 자신도 없었다. 우리 집 바로 옆의 학교를 보면 아이가 다니는 학교가 아니라 엄마가 다니는 학교 같은 인상을 받았다.

지금 생각해보면 아무것도 아닌 걸, 우리 딸이 일곱 살 겨울에 겪은 그 사건 뒤여서 아이나 나나 일종의 트라우마 같은 게 있었다. 내 딴에는 보호하고 싶어서, 도와주지는 못할망정 보호해주지도 못할까 봐 아이를 내보내지 못했다.

여자아이들은 또래 집단에 대한 소속감이 중요했고, 유대감도 훨씬 강했다. 다른 선택에 대한 배척도 심했고 같은 선택을 하지 않았다는 게 따돌림의 충분한 이유가 되었다. 딸은 불안하고 불행했다. 그러나 내색하지 않았다. 어린 마음에 혼란스러운 게 많았을 텐데 나는 알아봐 주지 못했다.

아파트 현관문만 나서면 온 동네 아이들이 몰려와서 노는 놀이터에 하교한 또래 아이들이 놀고 있어도 끼지 못하고, 겨우 끼어 놀다가도 금방 들통이 났다. 학교에 다니지 않는 아이라는 것이. 심지어 엄마들도 네 엄마는 왜 너를 학교에 보내지 않냐고 따지듯 묻기도 했다.

한 골목에 교회, 피아노 학원, 미술 학원, 영어 학원이 있어서 여기에 다 다니면서 친구들을 만나도 골목 끝에 있는 학교에 가지 않아서 겪는 일은 어린아이에게 너무 힘들었다. 그런데 아이가 절대 기죽는 성격이 아니어서 툭하면 시비가 붙었다.

당시 딸의 기도제목은 다시 시작하고 싶다, 였다. 모든 걸 새롭게 시작하고 싶은 게 초등학생의 기도제목이었다. 하나님께서 그 기도를 들어주셨을까. 우리는 그 동네를 떠나 멀리멀리 부산까지 이사를 갔다. 아이는 떠나게 된 것을 우리에게 깊이 감사했다.

이런 우여곡절을 겪고 한 해 늦게 중학교를 입학한 큰딸의 사춘기는 그야말로 어마어마했다. 웹툰으로 학교생활을 배운

딸은 웹툰 속 여주인공처럼 행동하며 해피엔딩이 되기를 바랐지만 현실은 어림 반 푼어치도 없었다. 그걸 알기까지는 오랜 시간이 필요하지 않았다.

그 동네 '중딩'들은 어린이집 시절부터 형성된 또래 집단에 들어온 이 웹툰 캐릭터 이방인을 처음엔 호기심을 갖고 대했지만, 별것 아니라는 결론을 일찍 내렸을 것이고, 그 캐릭터가 싫고 버거운 애들은 노골적으로 반감을 드러냈다.

몇 달을 버틴 아이는 엄마, 우리 집이 얼마나 좋은 환경인지 이제 알겠어요, 엄마가 왜 홈스쿨을 시키셨는지 알겠어요, 이런 말을 하더니 어릴 때부터 갖고 있던 불안 지수가 높아지면서 너무 힘들어해서 학교를 그만두고 다시 집에서 공부하기 시작했다.

오히려 이 경험이 아이에게 약이 되었다. 과정은 눈물 나게 힘들었지만 덕분에 환상이 깨졌고, 자신을 돌아보며 부모에 대한 신뢰를 회복하는 데 큰 도움이 되었다. 학교를 그만두는 게 아무것도 아닌 우리 집이다. 힘들면 나오면 되지! 그리고 집에서 다시 이어서 하면 된다. 학교를 그만두는 걸 인생을 포기하는 것처럼 생각할 일은 아니다.

검정고시를 치기 위해 가보면 얼마나 많은 아이가 와있는지 모른다. 학교 밖 청소년들이 굉장히 많다. 학교가 힘들면 집으로 후퇴했다가 준비해서 다시 학교로 가면 된다. 혹은 다시 가지 않아도 된다. 우리나라는 청소년을 위한 제도와 지원이 잘 되어있어 공부를 선택한 아이, 기술을 선택한 아이 모두가 준비만 되었다면 들어가서 배울 곳은 넘쳐난다.

중학교를 한 학기 만에 나온 딸은 자기가 뭘 잘못했는지, 이제 뭘 어떻게 해야 할지 알겠다고 했다. 이 깨달음 뒤에 또 실수가 있을 수 있다. 잘해보려고 해도 생각대로 되지 않는 걸 배우게 될 것이다. 그러나 부모가 든든히 자신을 지켜주고 있고, 언제라도 집에서 다시 시작할 수 있다는 걸 아는 이상 두려움은 없다.

모든 게 둥글둥글한 막내에게 세상은 늘 호의적이었다. 똑같이 학교에 안 다니고 똑같이 튀게 살아도 이 아이에겐 늘 같이 있고 싶고 따라다니고 싶어 하는 친구들이 있었다. 위로 셋을 보면서 얼마나 학습이 되었겠는가. 그리고 성격상 친절하고 같이 있기 편한 이유도 컸을 것이다. 사춘기를 호되게 앓는 언니를 보면서 또 배웠을 것이다.

사는 게 보고 배우는 것이니 얘는 또래보다 노련하고 아는 게 많아 친구들이 언니처럼 따르는 것 같다. 그럼에도 걱정이 많고 겁이 많다. 새로운 사람들을 만나고 사귈 때 스트레스를 크게 받는다. 이미 구축해놓은 관계를 완벽하게 유지하며 평화를 누리고 싶어 한다.

친구 하나도 놓치지 않으려 하고 작은 갈등이 생겨도 힘들어한다. 상대의 마음을 훤하게 알고 싶어 한다. 이런 모습을 보면서 얘한테도 저절로 얻는 것이란 없다는 걸 알게 되었다.

모두가 막내를 좋아해서 저절로 친구들이 붙는 것 같지만 우정이란 그렇게 만들어지는 게 아니기에 얘도 자기 마음에 맞는 사람이 있을 테고, 그와 관계를 쌓아가는 데 드는 힘과 시간이 나름 힘든 것이다. 그러니 자꾸 새로운 환경으로 이사를 가는 최근에 언니 오빠들과 다르게 제일 스트레스를 받는 게 막내다. 기대하던 중학교도 코로나19라는 초유의 사태를 맞아 원격 학습을 하고 있으니 관계 중심, 사람 중심의 아이에게는 스트레스가 이만저만이 아니다.

홈스쿨을 한다고 했을 때 가장 많이 듣는 걱정이 아이들의 사회성에 관한 것이었다. 또래 사회에 들어가서 배우는 걸 부모가 어떻게 가르칠 수 있겠냐는, 들어 마땅한 걱정이었다. 할 말이 없었다. 나도 처음 가보는 길이기에 장담할 수 있는 게 아무것도 없었다. 그냥 조심조심 아이들을 데리고 가보았다.

또래 사회에서 배운 게 없었던 우리 아이들. 내가 홈스쿨을 끝내며 말할 수 있는 건 이 장의 도입에서 언급했던 '다름에 대한 수용 능력'에 관한 것이다. 어떤 아이는 드러나게, 또 어떤 아이는 드러나지 않게 그러나 분명히 또래 사회로부터 배척을 당했음에도, 다름에 대한 어떤 수용도 받아보지 못하고 자랐음에도 우리 아이들은 배척과 외면을 배우지 않고 수용할 줄 아는 사람으로 자랐다. 한 친구가 말했단다.

　다른 애들도 너처럼 나를 받아들여 줬으면 좋겠어.

　마음이 아팠다. 어떤 마음에서 나온 말인지 알 것 같았다. 세상에는 같은 사람이 있을 수가 없는데 모두가 같아지기 위해 똑같은 옷을 입고 똑같은 머리 모양을 하고 똑같은 화장을 한다. 아이들은 다름에 대한 거부를 너무나 잘 알기 때문이다. 거기에 지친 아이들이 내 아이들에게 말한 것이다.
　나는 다른 어떤 것보다 이 수용력을 갖춘 내 아이들을, 그들의 탁 트인 사회성을 사랑한다. 울고 넘었던 홈스쿨, 하길 정말 잘했다고 생각하고 스스로를 칭찬하고 아이들을 칭찬하고 하나님께 감사드린다.

꿈을 향하여

　스무 살에 몰래 혼자 꿔봤던 꿈. 나, 이런 꿈이 있었어, 라고 한 번도 털어놔 본 적 없는 꿈. 사실 뮤지컬 배우가 되고 싶었다. 뭘 하든 클래식한 것을 가장 고상하고 가치 있는 것으로 쳐주던 시절에 자라서 어느새 그런 잣대로 스스로를 재단하며 살았다.

　영화를 봐도 책을 읽어도 음악을 들어도 그림을 감상하거나 춤을 보고, 심지어 내 미래를 꿈꿀 때도 클래식, 고전이라는 단어가 들어간 걸 골랐다. 그런 것만 해볼 만하다고 생각하던 고지식한 내가, 대단한 뮤지컬을 감명 깊게 본 것도 아니었는데, 길에 붙은 뮤지컬 포스터를 보고 내 발로 찾아가서 한 편을 보았다.

보면서도 뮤지컬을 감상하는 게 아니라 보는 내내 저 무대에 올라가 한번 해보고 싶다는 생각을 계속했다. 내가 이십 대를 보낸 1990년대는 지금처럼 뮤지컬의 대중화가 이뤄지지 않았다. 볼거리가 많지 않았고, 내가 본 뮤지컬도 스토리도, 춤과 노래도 엉성하기 그지없었다. 마지막 장면에 배우 윤복희 씨가 등장해 짧은 연기로 무대와 관중을 휘어잡는 것만 가장 인상 깊게 남았다.

어쩌다 뮤지컬에 매료되었는지 생각해보니 그 시작은 영화였다. 외국영화를 보면 배우가 노래할 때가 가끔 있었는데 그게 그렇게 멋있어 보였다. 오페라 가수나 성악가보다 그 배우가 훨씬 근사해 보였다. 어린 나는 말하듯이 시작하여 자신의 감정을 실은 대사를 노래로 부르는 짧은 순간의 음악과 배우의 표정에 푹 빠졌다.

세월이 지나 지금은 뮤지컬이 연극, 영화만큼이나 사랑받는 장르가 되어 국내외 유명 작품들이 무대에 오르고 있다. 뮤지컬 배우가 멋진 무대에 올라 눈부신 조명을 받으며 화려한 의상에 진한 화장을 하고 아름다운 선율에 몸을 맡기며 노래하고 춤추는 걸 본다.

그게 조용한 발산이든 터질 듯한 발산이든 자기 자신이 아닌 그러나 세상 어딘가에 있을 누군가가 되어 우리 모두의 이야기를 노래로 부르는 게 너무나 멋지고 매력적으로 보였다.

나는 늘 같은 작품의 같은 대목에서 같은 감동을 받아 눈물을 흘리고 손수건에 얼굴을 묻는다. 그리고 늘 생각했다. 아, 저런 배우가 되고 싶었는데! 내가 저걸 하고 싶었는데! 한숨을 쉬지만 꿈은 꿈일 뿐이다.

정적이고 에너지 레벨이 낮고 연기라는 가면을 쓰지 못하며 춤과는 거리가 멀고 무대와 관객을 무서워하는 나 같은 사람에게는 꿈같은 이야기다.

하나님은 내가 원하는 것, 내가 부러워하는 걸 같이 보고 계셨다. 언감생심, 원하기만 할 뿐 정작 해보라고 한다면 기겁하고 도망치거나 해보다가 좌절하고 말 나를 잘 아는 그분은 내 황당한 꿈을, 간절함만큼은 진심이었던 꿈을 큰딸에게 주셨다.

아직 기저귀를 찬 아기였을 때, 거실 유리창에 비치는 자신을 보며 혼자 춤출 때부터, 유치원 발표회에서 최소한의 움직임으로 춤의 멋을 살리던 때부터, 춤을 추면서 재밌어 죽겠다는 웃음을 지을 때부터 큰딸을 지켜보았다.

자랄수록 춤에 관한 한 타의 추종을 불허하고, 극과 노래에 열렬한 관심을 갖고, 들리는 대로 다 따라 부르는 카피 실력과 끝도 없이 따라 부르다가 마침내 목청이 터지는 걸 보면서,

아, 이런 애가 뮤지컬 배우가 되는 거구나, 혼자 감탄했다.

또래 여자아이들처럼 처음에는 걸그룹에 관심이 있더니 점점 자신의 색깔을 찾아가면서 뮤지컬 배우가 더 낫겠다고 스스로 정했다. 그러나 이것도 한번 해보는 것일 뿐, 정말 자신에게 맞는지 예고에 다니면서 다 쏟아보고 계속할지 말지를 다시 결정하겠다고 했다. 그래서 지금 예고에서 뮤지컬을 전공하고 있다.

딸에게도 꿈은 꿈일 수 있다. 자신을 더 알아가면서 정말 자신에게 맞는 다른 걸 찾아갈 수도 있다. 그러나 지금, 열여덟 그 빛나는 나이에 자신에게 맞는 꿈을 찾아 매일 뛰고 구르고 무릎에 멍이 들어 땀 냄새 풀풀 풍기면서 쓰러질 듯 집에 들어오는 모습을 보면 얼마나 대견한지. 너무 배가 고파서 와구와구 음식을 입에 집어넣으면서도 연습하는 과정을 신이 나서 얘기하는 상기된 얼굴을 보면 부럽기도 하다.

자기가 잘하는 것, 하고 싶은 것을 찾아 열심히 달려가면서 웬만한 건 넘길 줄 아는 여유도 생겼다. 쑥 자랐다. 고등학교에 들어가서 학기 초에 친구 관계에 긴장이 오자 하루 저녁 울더니 이런 것으로 중학교 때처럼 포기할 순 없다고 마음을 다 잡았다.

이어서 좋은 친구를 만나면서 아무래도 하나님이 자기를 테스트하신 것 같다고, 잘 이겨냈더니 선물로 좋은 친구를 주

신 것 같다고, 그렇게 자기 삶을 하나님 앞에서 돌아볼 줄도
안다.

꿈은 꿈일 뿐일 수 있다.
그래도 좋다.
내 딸이 웃어서 나는 좋다.

내 병 소식은 빠르게 교회에 퍼졌고 교인들은 담임목사에 이어 사모까지 병을 얻었다는 소리를 들어야 했다. 나를 만나면 걱정을 하며 위로했지만 그들을 어떤 얼굴로 대해야 할지 참 난감했다. 그러는 중에 한 가정에 심방을 갔다. 오랜 기간 투병 생활을 해온 말기 암 환자였다.

모든 치료를 접고 집으로 온 지 얼마 안 되었고, 마침 컨디션이 조금 회복된 날이어서 심방이 가능했다. 그를 보니 돌아가신 시아버지의 마지막 모습과 똑같아서 마음이 너무 아팠다.

인정받는 신경외과 전문의로서 왕성하게 일하며 많은 환자를 살려낼 사람이 병에게 너무 오랜 기간 시달려 지칠 대로 지쳐있는 모습이었다.

그런데 나를 만나자마자 내 걱정부터 했다. 내 병세를 자세히 묻고 의사로서 할 수 있는 솔직한 조언을 따뜻하게 해주었다. 본인이 투병 생활을 하면서 알게 된 민간요법도 가르쳐주며 시간이 나는 대로 해보라고 권하기도 했다.

10년 전, 그가 처음 암 판정을 받았을 때부터 함께 예배드리고 하나님의 도우심을 구하며 걸어온 사이였다. 오래전 첫 심방이 생각났다. 본인보다 더 우는 아내를 따뜻하게 위로하던 모습, 힘없이 앉아있는 자식들을 다독이던 모습도 생각난다.

지금. 성년이 되었으나 하늘 같은 아버지가 병 앞에 무너지며 마지막을 예감하는 것을 아들은 받아들이지 못하고 있었다. 아버지는 만감이 교차하는 표정의 미소를 지으며 따뜻하게 아들을 바라보았다. 이 모습을 지켜보며 이들과 나의 관계를 생각해보았다.

나는 그들이 섬기는 교회의 담임목사 사모였다. 나는 무엇을 할 수 있을까. 이렇게 아파하며 고통과 괴로움에 싸여있는데, 이들을 한 몸인 교회로 불러주신 형제요 자매라고 생각한다면 어떻게 내 일이 아닌 양 가만히 있을 수 있을까. 그 자리에서 공동체, 교회라는 개념을 떠올리기 전에 이미 이들과 이웃을 넘어 가족 같은 관계를 맺고 살아온 지난 시간을 생각했다.

　　친정아버지의 병 치유을 위해 금식하고 매달렸던 때가 떠올랐다. 얼마 전 소천하신 시아버지를 간병했던 시간도 떠올랐다. 내 앞에 있는 이들도 그 분들과 다르지 않은 내 가족이다.

　　나의 금식기도로 친정아버지가 나은 것도 아니고, 정성 어린 간호로 시아버지가 병을 이기고 살아계신 것도 아니다. 그들은 다 그들의 길을 그들의 시간에 하나님의 부르심을 따라가셨다. 내 기도와 금식과 눈물과 부르짖음은 아무 소용이 없었다.

　　그걸 다 경험하고 난 다음이었다. 그도 그렇게 갈 것이다. 그렇다면 소용없는 것이니 하지 않을 것인가. 아니었다. 그럼에도 나는 금식하며 기도하고 싶었다.

그는 단 30분만이라도 편하게 누워서 자고 싶다고 했다. 시아버지도 똑같은 말씀을 하셨다. 난 이것을 위해 기도하고 싶었다. 기도하며 울고 싶었다. 울면서 하나님의 옷자락을 붙잡고 싶었다.

그런데 나는 지금 병을 앓고 있지 않은가. 한 번씩 찾아오는 통증이 지나고 나면 기진맥진하여 종일 누워있어야 하는데 금식을 하며 기도한다는 게 자신이 없었다. 내 몸이 이 생각을 강하게 거부했다. 남편이 말씀을 전하는 내내 속으로 이 생각과 싸우다가 말씀을 마치고 다 같이 환자의 몸에 손을 얹고 함께 기도하자고 할 때 결심했다. 죽음 앞에서 잠 한 번 편히 자보는 게 소원이라고 할 만큼 매 순간 고통에 눌려있는 이를 위해 금식하며 기도하기로.

의자에서 일어나 그에게로 가서 손을 대고 눈을 감고 기도를 시작했다. 내 이형협심증은 통증이 올 때만 아프지 평소에는 아무렇지도 않았다. 평소 심장 쪽에 어떤 이상 증세도 느낄 수 없었다. 그날도 심방하여 예배드리는 동안은 아무렇지도 않았다. 그러나 손을 얹고 기도를 시작하는 순간, 그 아무렇지 않음이 조용히 부드럽게 사르르 풀리면서 근원적인 아무렇지 않음이 내 심장에 찾아왔다.

내가 아무렇지도 않다고 느낀 건 가짜였다. 진짜가 있었다. 진짜가 나에게 찾아온 것이다. 그 순간 알았다. 하나님이 고쳐주셨구나. 그러나 입을 다물었다. 혼란스럽기도 했다. 나는 그를 위해 금식을 작정했고 하나님이 그를 생각해주시기를, 돌아봐 주시기를 구했는데 내 병이 나은 것이다.

그 시로부터 사흘을 금식하면서 이 생각을 하나님 앞에서 쉬지 않고 했다. 한 달이 지난 후, 남편과 가족과 교회 식구들에게 병이 나았다고 말했다. 그때부터 통증은 한 번도 오지 않았고 약도 먹지 않았고 병원에 가서 의사 얼굴을 보지 않았다.

그는 소천했다. 죽음이란 삶의 한이 없는 연장이 아닌가. 그는 삶의 경계선을 넘어 그의 길을 갔고 나는 그 경계선에서 다시 돌아서서 나의 길을 걷고 있다. 그러나 나의 길 역시 그가 간 곳으로 다시 향하고 있다.

나는 왜 다시 돌아서게 되었을까. 하나님은 왜 내 삶을 연장시켜 주셨을까. 제어하지 못해 언제 어떻게 경계선을 넘을지 몰라 불안하면서도 무기력해지던 시간은 지나갔다. 나는 왜 사는가. 그가 살았다면 무엇을 했을까. 무엇을 하기로 마음 먹었을까.

사랑하려고 산다.
사람들이 맹렬히 좇고 있는 것들이
내게는 허망하다.
사랑, 그 외에는 모두 허무하다.

사랑은 언제까지나 떨어지지 아니하되
예언도 폐하고 방언도 그치고 지식도 폐하리라.

사랑하다가 병이 나고
사랑하다가 죽고 싶다.

왜 사느냐고 묻거든
사랑하려고 산다는 대답밖에.
내게는 이 대답밖에는 없다.

사랑하려고 산다

초판 1쇄 발행	2022년 2월 22일
지은이	최에스더
펴낸이	여진구
책임편집	김아진 정아혜
편집	이영주 정선경 진효지 최현수 안수경 김도연 최은정
책임디자인	노지현 조은혜 | 마영애
기획 · 홍보	김영하

마케팅	김상순 강성민 허병용	**마케팅지원**	최영배 정나영
제작	조영석 정도봉	**경영지원**	김혜경 김경희

303비전성경암송학교 유니게과정 박정숙 최경식
이슬비전도학교 / 303비전성경암송학교 / 303비전꿈나무장학회 여운학

펴낸곳	규장

주소 06770 서울시 서초구 매헌로 16길 20(양재2동) 규장선교센터
전화 02)578-0003   **팩스** 02)578-7332
이메일 kyujang0691@gmail.com   **홈페이지** www.kyujang.com
페이스북 facebook.com/kyujangbook   **인스타그램** instagram.com/kyujang_com
카카오스토리 story.kakao.com/kyujangbook
등록일 1978.8.14. 제1-22

ⓒ 저자와의 협약 아래 인지는 생략되었습니다.
이 출판물은 저작권법에 의해 보호를 받는 저작물이므로 무단 전재와 무단 복제를 할 수 없습니다.

본문에 'Mapo꽃섬' 서체가 사용되었습니다.

책값 뒤표지에 있습니다.
ISBN 979-11-6504-291-2 03230

규 | 장 | 수 | 칙

1. 기도로 기획하고 기도로 제작한다.
2. 오직 그리스도의 성품을 사모하는 독자가 원하고 필요로 하는 책만을 출판한다.
3. 한 활자 한 문장에 온 정성을 쏟는다.
4. 성실과 정확을 생명으로 삼고 일한다.
5. 긍정적이며 적극적인 신앙과 신행일치에의 안내자의 사명을 다한다.
6. 충고와 조언을 항상 감사로 경청한다.
7. 지상목표는 문서선교에 있다.

하나님을 사랑하는 자 곧 그의 뜻대로 부르심을 입은 자들에게는 모든 것이 合力하여 善을 이루느니라(롬 8:28)

Member of the
**Evangelical Christian
Publishers Association**

규장은 문서를 통해 복음전파와 신앙교육에 주력하는 국제적 출판사들의
협의체인 복음주의출판협회(E.C.P.A:Evangelical Christian Publishers
Association)의 출판정신에 동참하는 회원(Associate Member)입니다.